동일본대지진과 핵재난 — 와세다 리포트 11

일본 원자력 정책의 실패

후쿠시마 원전사고 대응과정의 검증과 안전규제에 대한 제언

마쓰오카 슌지 지음
松岡俊二
김영근 옮김

KOREA UNIVERSITY PRESS
고려대학교 출판문화원

フクシマ原発の失敗: 事故対応過程の検証とこれからの安全規制
松岡俊二 著

머리말

2011년 3월 11일, 나는 인도양의 섬나라 스리랑카에 있었다. 3월인데도 적도에 가까운 나라답게 이글거리는 강렬한 햇빛이 내리쬐는 무더운 여름 날씨였다. 2004년 수마트라 앞바다에서 발생한 대지진에 의한 거대 쓰나미로 4만 명이 넘는 사망자가 발생했던 스리랑카의 국민들은 지진 정보에 매우 민감했다. 일본 시간 14시 46분은 스리랑카 시간으로 11시 16분이었다. 아무것도 모르고 스리랑카의 페라데냐대학 관계자들과 폐기물 문제와 관련한 회의를 하고 있던 우리들은 정오쯤에 대학 관계자들로부터 동일본지역에서 대지진이 발생했다는 전갈을 받았다. 상세한 정보를 받지 못한 채 우리는 마을로 나가 점심을 먹고 조사대상지인 감폴라Gampola 마을의 관청으로 향하였다.

스리랑카 중앙주의 시골마을, 어수선한 분위기의 관청으로 들어서자 마침 왼편에 걸려 있던 TV 앞에 많은 사람들이 모여 있었다. 우리도 자연스레 TV 화면을 쳐다보았고, 시커먼 물질이 평야지대를 지나며 집도 자동차도 모든 것을 집어삼키는 모습을 보게 되었다. 마치 SF영화를 보고 있는 듯한 현실감이 느껴지지 않는 영상

표 1 후쿠시마 제1 원자력발전소 사고(1, 2, 3, 4호기) 추이

2011년 3월 11일(금)	
14:46	동일본대지진(M9)발생. 1호기 원자로 자동정지
14:47	2·3호기 원자로 자동정지
15:27	쓰나미 제1파도 도달
15:35	쓰나미 제2파도 도달
15:37	1호기 모든 교류전원 상실
15:38	3호기 모든 교류전원 상실
15:41	2호기 모든 교류전원 상실
18:10	1호기 노심 노출
18:50	1호기 노심 손상
3월 12일(토)	
15:36	1호기 수소폭발
3월 14일(월)	
11:01	3호기 수소폭발
3월 15일(화)	
6:00	4호기 수소폭발
6:10	2호기 압력억제실 파손?

출처: 각종 자료 참고 필자 작성

이었으나 순간적으로 일본에서 일어난 지진에 의한 거대 쓰나미 영상이라는 것을 알았다. 조국이 엄청난 재해를 당하고 있을 때, 먼 외국에 있다고 하는 죄스러움과 함께 강한 분노를 느꼈다.

그러나 더 충격적이었던 것은 다음 날(3월 12일) 발생한 후쿠시마 제1원전 1호기의 원자로건물 폭발이었다. 그 후, 사고는 1호기뿐만 아니라 3호기, 4호기, 2호기, 연쇄적으로 4개의 원전사고로 이어졌으며, 그 전개 양상에서 1986년 체르노빌 원전 4호기 사고를 넘어선 인류 역사상 최악의 원전사고의 발생을 예감할 수 있었다 (표 1 참조).

나는 3월 13일 스리랑카에서 나리타공항으로 귀국했다. 다음 날인 3월 14일 3호기의 원자로건물 폭발, 15일 4호기의 원자로건물 폭발과 2호기의 격납용기 파손 등 점차 심각해지는 후쿠시마 원전사고의 전개를 도쿄에서 경험하게 되었다. 3·11 후의 도쿄 거리에서는 물과 식료품이 없어졌고, 불빛이 꺼지고 밤이 되면 거리에서 사람들의 모습을 찾아보기 어렵게 되었다. 이는 전시 상황의 거리란 아마도 이런 분위기일 것이라고 짐작하게 하는 듯한 이상한 모습이었다. 내가 근무하는 와세다대학은 3월 졸업식을 취소했고 4월 입학식도 취소하게 되었다. 4월의 신학기 개시는 5월 연휴 이후로 연기되었다.

이 책은 동일본대지진, 특히 후쿠시마 원전사고를 통해 우리가 받은 커다란 충격을 형상화한 것이다. 후쿠시마 원전사고의 충격이란 무엇이었는가? 하나는 우리 사회가 되돌릴 수 없는 중대한 과오를 범했다고 하는 깊은 반성과 후회이며, 또 하나는 정부와 도쿄전력, 재계, 대학, 매스컴 등 우리 사회의 리더라고 할 수 있는 사람들의 무능과 무책임에 대한 강한 분노였다.

동일본대지진과 후쿠시마 원전사고는 일본 사회의 모든 분야에 커다란 충격을 주었지만 특히 내가 속해 있는 학문과 대학 세계가 받은 충격은 강렬했다. 많은 대학 관계자들이 일본의 학문과 대학의 역할에 대하여 근본적으로 다시 생각해 보아야 한다는 필요성을 느꼈다.

그로부터 1년여의 세월이 흐르고 무엇이 변했을까? 우리는 얼마나 진지하게 대학과 학문의 역할과 자세를 바꾸려는 노력을 해

사고 전 후쿠시마 제1원자력발전소(사진 중앙 부분 왼쪽부터 4, 3, 2, 1호기). 도쿄전력 제공

사고 후(3월 20일) 후쿠시마 제1원자력발전소(사진 중앙이 3호기). 에어포토서비스 사 제공

왔을까? 예를 들어 내가 근무하고 있는 와세다대학은 "원자력 르네상스를 이끌어나갈 인재가 부족하다"(와세다대학 선진이공학연구과 공동원자력전공 홈페이지)는 전제하에 2010년 4월에 도쿄도시대학(구 무사시노공업대학武蔵工業大学)과 함께 원자력 르네상스를 짊어질 인재육성을 목적으로 하는 공동원자력전공과를 설치하였다. 1년이 채 지나기도 전에 후쿠시마 원전사고가 발생하였다. 공동원자력전공과를 설치한 것에 대한 옳고 그름을 따지는 것과는 별도로, 이 시기에 원자력전공과를 설치한 대학의 책임으로서 왜 이 시기에 공동원자력전공과를 만들었으며, 후쿠시마 원전사고를 계기로 향후 와세다대학이 원자력 연구교육을 어떻게 추진해 나갈 것인지에 대하여 이 사회에 명확히 설명해야 하지 않을까? 2012년 3월 8일, 우리 진재부흥연구震災復興研究그룹에서 실시한 심포지엄을 통해서, 또 2012년 4월 23일 실시된 와세다대학 내 7개 진재부흥 관련 중점영역연구그룹의 워크숍에서 총장과 이사들을 대상으로 이에 대한 문제를 제기하였다. 아직 이 문제제기와 관련하여 우리 사회를 향해 와세다대학이 내놓은 설명은 없다.

우리는 다시 한 번 2011년 3월 11일과 그 이후에 이어진 날들의 충격을 진지하게 떠올리며 후쿠시마 원전사고를 초래한 '일본의 본모습(시스템)'과 대학·학문의 나아갈 길에 대하여 다시 생각해 보고 바꾸어 나아가야 할 필요가 있지 않을까? 그러기 위해서라도 2011년 3월 11일과 그 이후 우리가 겪었던 경험과 생각들을 기록하고 미래를 위한 양식으로 삼아야 한다는 것이 이 책의 일관된 메시지다. 이 책의 구성은 아래와 같다.

제1장 '일본 사회와 동일본대지진과 후쿠시마 원자력발전소 사고'에서는 동일본대지진, 특히 후쿠시마 원자력발전소 사고의 충격이 주는 의미에 대하여 생각해 보고, 후쿠시마 원전사고에 대한 사회과학적 접근방법에 의거한 선행연구를 정리함으로써 이 책의 과제인 원자력발전에 대한 안전규제라고 하는 문제 설정을 시도한다.

제2장 '후쿠시마 원전사고와 안전규제기관의 능력'에서는 후쿠시마 원전사고에 대한 검증작업 상황을 정리하고, 정부와 도쿄전력의 사고대응을 분석한다. 특히 원자력안전·보안원과 원자력안전위원회라고 하는 일본의 원자력규제기관의 기술적 능력과 사회적 능력에 대하여 논하고 안전규제기관으로서 무엇이 문제였는지를 밝히고자 한다.

제3장 '일본의 원자력안전규제의 전개와 향후 방향'에서는 향후 일본의 원자력안전규제가 나아갈 방향에 대하여 논한다. 우선 규제제도의 제도적 분석틀을 분명히 함으로써 역사적·제도적 관점에서 일본의 원자력개발과 원자력규제제도를 분석한다. 이러한 역사적·제도적 분석을 통하여 후쿠시마 원전사고 발생 후의 정부·민주당과 자민당·공명당이 제안한 원자력규제제도의 개혁안, 나아가 2012년 6월 20일에 제정된 원자력규제위원회설치법의 문제점을 밝히고 향후의 개혁 방향을 제시하고자 한다.

제4장 '후쿠시마 원전사고와 일본 사회의 미래'에서는 이 책의 결론으로서 후쿠시마 원전사고를 통한 교훈을 철저히 명확히할 필요성과 여기서 얻을 수 있는 교훈, 즉 향후 일본 사회와 일본인이 나아가야 할 방향에 대하여 논하고자 한다.

또한 권말에서는 와세다대학의 부흥·중점영역연구의 공동연구자인 와세다대학 선진이공학연구과·공동원자력전공 모로오카 신이치師岡愼一 교수와의 대담, '사회과학자와 원자력공학자의 시점에서 본 후쿠시마 원전사고와 앞으로의 대학의 역할'(2012년 1월 13일)을 수록하였다.

2012년 5월 31일
마쓰오카 슌지

차례

제3장

일본의 원자력안전규제의 전개와 향후 방향

제4장

후쿠시마 원전사고와 일본 사회의 미래

대담

제 1 장

일본 사회와 동일본대지진과 후쿠시마 원자력발전소 사고

1 2011년 3월 11일을 기록하자

동일본대지진과 후쿠시마 원자력발전소 사고가 발생한 지 1년여의 시간이 흘렀다. 지금 간절하게 드는 생각이 있다. 2011년 3월 11일과 그 이후의 충격을 상기해 각자가 경험한 2011년 3월 11일과 그 이후 이어진 날들의 행동과 생각들을 기록으로 남기는 작업을 해야 하지 않을까? 2011년 3월 11일에 발생한 사건들을 앞으로의 우리 삶을 위한 교훈으로 삼고 다음 세대가 이어받아야 할 지혜로 삼기 위해서라도 우선 우리 자신의 2011년 3월 11일을 기록하고 남기는 것은 매우 중요하다. 지금부터라도 늦지 않았으니 그날들을 어떻게 지냈는지, 지진과 원전사고의 충격을 어떻게 받아들였는지, 그리고 무엇을 느끼고, 무엇을 생각했는지 각자 개인의 기록으로서

남겨 놓을 것을 대지진과 후쿠시마 원전사고를 동시대에 경험한 모든 사람들에게 권하고 싶다.[1]

동일본대지진과 후쿠시마 원전사고가 발생한 지 1년여의 시간이 경과한 지금 우리는 동일본대지진과 후쿠시마 원전사고의 충격, 지진과 사고에 대한 진지한 반성과 장래를 위한 각오를 잊어 가고 있는 것은 아닐까? 대지진과 대규모 쓰나미는 자연재해이며 인간 사회가 직접적으로 지진과 쓰나미를 방지할 수는 없다. 그러나 지진과 쓰나미의 예측 및 사전대책을 강화함으로써 피해를 감소시킬 수 있다. 즉 '감재減災'다. 지진예측과 지진대책의 효과는 이 감재의 정도를 통해 측정된다. 동일본대지진은 지금까지 막대한 국가예산을 쏟아부어 왔던 일본의 지진예측연구와 지진·쓰나미 대책비용의 유효성에 커다란 의문을 던져 주었다는 점은 틀림없는 사실이다.

동일본대지진은 자연재해이지만 후쿠시마 원전사고는 분명한 인재이다. 정(정계)·관(행정)·산(산업계, 재계)·학(학회, 대학)·매스컴(신문, 텔레비전)이 만들어 낸 폐쇄적이며 비합리적인 '원자력촌村'[2]이라고 하는 일본 사회의 병리가 후쿠시마 원전사고를 발생시킨 것이다. 이러한 처절한 후회와 깊은 반성을 통해서만 새로운 일

1 2011년 3월 11일과 그 이후의 날들을 기록으로 남기는 작업은 다방면에서 이루어지고 있다. 많은 르포가 발행되었는데 그 중 소토오카(外岡 2012)의 작품이 훌륭하다. 3·11과 관련된 각자의 생각을 기록한 책으로 다니카와 외(谷川 2012), 이와나미서점 편집부(岩波書店 2012) 등을 추천하고 싶다.

2 〔옮긴이〕 일본에서 원자력기술을 사용하는 산업, 특히 원자력발전과 관련된 전력회사, 관련 기업, 플랜트 메이커, 경제산업성을 비롯한 감독관청, 원자력기술에 긍정적인 대학 연구자, 매스컴, 폭력단 등 원자력 관련 산업을 하나로 묶은 총칭.

본 사회의 전망이 개척될 것이라는 강한 의지와 각오를, 2011년 많은 일본인은 공유하게 되었다고 생각한다.

후쿠시마 원전사고는 정치, 경제, 사회 등 모든 분야에 충격을 주었지만 25년 이상의 세월을 대학이라는 직장에서 학자라고 하는 직업으로 살아온 나의 입장에서 볼 때, 후쿠시마 원전사고로 아카데미즘과 대학이 받은 충격은 특히 더 컸다고 생각한다. 후쿠시마 원전사고는 일본의 학술연구와 대학의 역할에 대하여 근본적인 의문을 갖게 했다. 2011년, 많은 대학 관계자들은 이 비참한 사고에 대한 반성과 여기서 얻은 교훈을 발판으로 삼을 때만이 일본의 대학과 학문의 장래를 그려볼 수 있다고 하는 강한 의지를 가슴 깊이 새겼을 것이다.

2 2011년 3월 11일을 가슴에 품고

《패배를 껴안고—제2차 세계대전 후의 일본인*Embracing Defeat: Japan in the Wake of World War II*》으로 잘 알려진 미국의 역사가 존 다워John W. Dower는 동일본대지진과 발생한 지 한 달 반이 지난 후에 아사히朝日신문사의 미우라 도시유키三浦俊幸 논설위원과의 인터뷰에서 다음과 같이 말했다.

> 개인의 인생에서도 그렇지만 국가와 사회의 역사에서도 돌연한 사고와 재해를 통해서 무엇이 중요한 것인지 깨닫게 되는 순간이 있

습니다. 모든 것을 새로운 방법으로, 창조적인 방법으로 다시 생각할 수 있는 공간(space)이 생겨납니다. 관동대지진, 패전과 같은 역사적 순간은 이러한 공간을 확대시켰습니다. 그리고 지금 그와 같은 일이 다시 벌어졌습니다. 그러나 우물쭈물하고 있는 사이에 공간은 닫혀 버리고 맙니다. 기득권을 지키기 위해서 공간을 왜곡하려고 하는 세력도 있을 것입니다. 결과가 어떻게 될지 알 수 없지만 역사적 전환점이라는 사실을 똑똑히 기억하기 바랍니다. (아사히 신문, 2011년 4월 29일)

동일본대지진과 후쿠시마 원전사고의 충격을 받아들이는 과정에서 분명 많은 일본인들은 무엇이 중요한 것인가를 깨닫게 되었고 향후 일본 사회 전체를 새로운 방법으로, 창조적으로 다시 생각할 수 있는 공간을 가지게 된 것은 아닐까? 그러나 우리는 이 공간을 어떻게 유지하고 얼마만큼 유효하게 활용해 왔을까? 지금 이 공간은 소리를 내 가며 급속히 닫히려고 하는 것 같다.

2011년 3월 11일. 그 후 무언가 변화가 있었을까? 정치와 경제는 어떠한가? 대학과 학문은 바뀌었을까? 원래 비판정신이 결여된 곳에서 제대로 된 학문연구는 불가능하다는 것은 모든 연구자들의 상식이다. 그럼에도 불구하고 이러한 상식은 일본의 대학과 학회에서 어디까지 상식이라고 말할 수 있을까? 좁은 학문분야의 전문적 논의는 확실히 활발하게 진행되고 있을지 모르겠지만 이는 미리 정해진 범위를 한 발자국도 벗어나지 않는다. 오스트리아 출신 과학철학자인 카를 포퍼Karl Popper는 이러한 기능적으로 분화되고 전문적으로 특화된 학문연구 방식을 '점진적 공학piecemeal engineering'이라고 이름 지었다.

분명 20세기의 과학기술과 학문은 점진적 공학에 입각한 방법론적 반증주의를 통하여 현저한 진보를 이루어 왔다고 할 수 있지만, 반면에 일본적인 점진적 공학의 문제성은 얼마만큼 밝혀졌을까? 동일본대지진과 후쿠시마 원전사고로 인한 충격을 학문 세계가 진지하게 받아들임에 있어서 좁은 범위의 '상정 내想定內'에서만 연구하려고 하는 기존의 일본 학술연구의 지배적인 스타일을 타파해야 할 것이며 우물 안 개구리와 같은 일본의 지적 풍경의 빈곤이야말로 적극적으로 칼을 대야 하는 것은 아닐까 깊이 반성해 본다.

3 2011년 3월 11일과 일본학술회의

《니혼게이자이신문日本経済新聞》 석간에 '내일을 위한 화제'라고 하는 칼럼란이 있다. 2012년 5월 17일자 칼럼에서 도쿄대학 와다 아키요시和田昭允 명예교수가 〈과학과 기술〉이라는 테마로 아래와 같이 논하였다.

일본에서는 과학과 기술을 엄격히 구별하려고 하는 논의가 많은데 "과학과 기술은 경계가 없는 하나로 이어진 분야로 과학 없이는 기술도 없고 기술 없이는 과학도 없다. 학문에 세속적인 벽을 만든다면 우리가 얻을 수 있는 많은 가능성이 사라질 것이다." 그 후 와다 교수는 "학자들의 국회라고 할 수 있는 일본학술회의는 작년, 정부에 '과학기술'이 아닌 '과학·기술'이라 해야 한다고 제언하였다. 뛰어난 많은 두뇌들이 몇 개월에 걸쳐 '·'을 넣을 것인가 말 것인가에 대해 논의를 한 것이다. 그럴 시간에 지진/쓰나미/인공구조물을 통합한 과학기술에 대한 논의를 했었더라면… 하고 생각한 것은 비단 나뿐만은 아니었을 것이다"라고 비난하였다.

실로 오랜만의 통쾌한 주장이었다. 그렇다, 존 다워가 말한 "모든 것을 새로운 방법으로, 창조적으로 다시 생각할 수 있는 공간을 유지·확대"시키고 "모든 것을 새로운 방법으로, 창조적으로 다시 만들기" 위해서는 좀더 이러한 진지한 논쟁이 필요하다. 그런데 후쿠시마 원전사고가 발생한 지 1년여의 시간이 경과한 지금, 이러한 진지한 논의가 너무나도 줄어든 것은 아닐까? 혹은 이러한 진지한 논의를 제안해도 냉소적으로 무시되는 분위기가 대학과 학회 내에도 만연되고 있는 듯하다.

돌이켜 생각해 보면 '후쿠시마 원전사고로 아카데미즘과 대학이 받은 충격은 매우 컸다', '후쿠시마 원전사고는 일본의 학문과 대학의 역할에 대하여 근본적인 의문을 갖게 했다'고 기술하였지만, 과연 얼마나 많은 대학 관계자들이 진지한 의문을 던졌을는지는 심히 의문이다. 물론 일본학술회의에서도, 원자력학회와 지진학회 등과 같은 많은 학회에서도 동일본대지진 및 후쿠시마 원전사고와 관련된 심포지엄과 연구회 등이 개최되었다. 일본학술회의의 월보인《학술 동향学術の動向》및 각종 학회지 등에는 동일본대진재 연구 및 후쿠시마 원전사고 연구와 관련된 특집이 실렸다(広渡 2012). 그러나 일본학술회의는 사회적 존재감이 별로 없으며 일본학술회의가 표출하는 '제언' 등은 그 분야의 전문가들에게조차 읽을 가치

가 없어 실제로는 거의 아무도 읽지 않는다. 참고로 이유는 모르겠지만 일본학술회의에서는 '제언'이나 '보고'를 공표하는 것에 대하여 '표출'이라고 하는 비일상적인 용어를 자주 사용한다.

나 자신도 최근 3년간 일본학술회의의 연계회원으로서 활동에 참가해 왔지만 일본학술회의의 사회적 존재가치에 대하여 의문을 품은 적이 많다. 예를 들어 일본학술회의의 제3부 종합공학위원회는 2011년 4월 4일, '원자력사고대응분과회'의 설치를 제안하였고 그 후 기계공학위원회, 토목공학·건축위원회의 위원들도 이 분과회에 참여하게 되었다고 한다(成合 2012, p. 24). 일본학술회의의 월보인 《학술 동향》(2012년 3월)의 특집 '후쿠시마 원자력사고'에서도 '원자력사고대응분과회'의 설치에 대하여 다루고 있어(矢川 2012 p. 8) 매우 중요한 분과회처럼 보이지만 구체적으로 무엇을 하고 있는지는 알려지지 않았다. 또 일본학술회의의 후쿠시마 원전사고 대응에 대한 논의가 왜 공학계만의 분과회에서 진행되고 있는 것일까? 이번 후쿠시마 원전사고를 통해 얻은 가장 큰 교훈 중 하나는 제한된 학문분야만으로 원자력 발전을 논의한 일이 문제라는 것일 터인데 왜 일본학술회의는 이러한 대응을 하고 있는 것일까?

일본학술회의의 홈페이지를 보면. '원자력사고대응분과회'의 2012년도(제21기) 활동으로서 제1회 분과회(2월 8일) 및 제2회 분과회(4월 5일)의 '의사議事 절차'만이 기록되어 있다. 제1회 분과회의 '의사 절차'에서는 의제로서 '(1) 임원 선출, (2) 향후 진행 계획, (3) 기타'라고 기재되어 있을 뿐 실제로 무엇을 논의했는지에 관한 내용은 전혀 없다. 또 제2회 분과회의 '의사 절차'에는 의제 중에 '(2) 각 소위원회의 경과보고, 원전 사고로 인한 환경오염조사에 관한 검토소위원회, 사고조사에 관한 소위원회'라고 적혀 있는 것을 보아 '원자력사고대응분과회' 밑에 '사고조사 소위원회'와 '방사능오염 소위원회'라는 것이 있다는 것을 알 수 있다. 또한 제2회 분과회의 '의사 절차'의 '배포자료 2'에 '중단 중인 플랜트를 포함한 원자력플랜트의 안전성에 관련한 '조사검토 소위원회' 명부 및 설치제안'이라고 기재되어 있어 아무래도 '원자력발전의 안전성 소위원회'라고 하는 매우 중요한 소위원회가 설치되리라는 것을 추측할 수 있다. 일본학술회의에도 매우 중요하다고 보이는 '원자력사고대응분과회原子力事故対応分科会'가 실제로는 무엇을 하고 있는지 도무지 알 수가 없다.

이렇듯 매우 불충분한 '의사 절차'만을 공개하는 일본학술회의는 도대체 어떤 단체인가? 이 정도의 정보라고도 할 수 없는 정보밖에 공개하지 않는, 혹은 이 정도의 정보밖에 공개할 수 없는 일본학술회의는 정부의 원자력재해대책본부 및 긴급재해대책본부 등이 재해와 관련하여 15번의 회의 중에서 10번의 회의 의사록을 작성하지 않은 점에 대하여 비판할 자격이 없다.

왜 일본학술회의는 이러한 대응을 하고 있는 것일까? 세금으로 운영되며 내각부 산하기관으로서 '일본학술회의는 일본의 인문·사회과학, 자연과학 모든 분야의 과학자들의 의견을 모아 국내외에 발신하고 있는 일본의 대표기관'이라고 자부하고 '학문의 국회'라고도 일컬어지는 일본학술회의가 지금 이런 상황에 있다.

4 제2차 세계대전의 패전과 후쿠시마 원전사고

존 다워가 지적한 바와 같이 '모든 것을 새로운 방법으로, 창조적으로 다시 생각할 공간'을 굳은 의지로 지켜나가지 못한다면 우리는 동일본대지진과 후쿠시마 원전사고로부터 아무것도 배우지 못하고 똑같은 실수를 반복하게 될 것이다.《그래도 일본인은 '전쟁'을 선택했다》로 잘 알려진 도쿄대학의 일본 근현대사 연구가인 가토 요코加藤陽子 교수는 2011년 8월 저널리스트 이케가미 아키라池上彰와의 대담에서 일본의 원자력 발전과 관련된 행정, 정치, 기업, 지역사회, 그리고 매스미디어의 행동패턴이 제2차 세계대전 때와 무서울 정도로 일치한다며 아래와 같이 주장하였다.

> "제2차 세계대전에 이어서 모든 일본인이 '절대적인 잘못을 범하고 말았다'고 생각하게 된 사건은 이번 원전 사고가 근대에 들어 두 번째입니다", "어떻게든 이번 원전사고를 계기로 '현실을 직시하지 않는다'고 하는 '실패의 구조'에서 다 함께 빠져나오지 않는다면 또 다른 장소에서 똑같은 실패가 반복될 것입니다", 그리고 "현장의 정보를 신속히 전달하여 중장기적인 계획을 바탕으로 하여 곧바로 적절한 판단을 내려야 합니다. 전쟁이 되었든 원자력발전소의 운영이 되었든 톱 매니즈먼트(top management, 최고경영관리조직)의 성공 여부는 결과를 크게 좌우할 것입니다. 그런데 톱 매니지먼트가 제대로 기능하지 않는 상황이 전쟁 당시에도 이번 사고 대응에서도 몇 번이나 재현되었습니다"라고 말했다. (닛케이 비즈니스 온라인, 2011년 8월 9일, 8월 23일)

역사학자인 가토 요코 교수의 이와 같은 발언에 대하여 저널리스트 이케가미 아키라 씨는 다음과 같이 말하였다

"제2차 세계대전 당시 일본군의 전투에서 가장 어리석은 짓이었다고 평가되고 있는 것은 전력의 순차투입이었습니다. 로지스틱=병참을 전혀 고려하지 않고 연료도 식료품도 무기조차도 제대로 보급체제를 갖추지 못한 채 전선에 병사들을 계속 투입한다면 전멸시키고 말 것입니다", "이번 원전사고에 대한 대응태세를 보면서 아마도 전쟁 경험이 있는 나이 드신 많은 분들은 생각하셨을 것입니다. 아, 그때의 전쟁과 같은 일을 벌이고 있구나."

"이번 원전사고에서 분명히 알게 된 것은 정부든, 경제산업성이든, 원자력안전위원회든, 도쿄전력이든 톱 매니지먼트(최고경영관리조직)가 전혀 제 기능을 하지 못하였다는 점과, 이와는 대조적으로 자위대, 도쿄소방청, 원자력발전소 등 현장에는 우수하고 용감하며 사명감에 타오르는 인재들이 많이 있었다고 하는 점입니다. 다시 말하면 무능한 상사와 우수한 현장이라는 상황이 확연히 드러났다고 생각됩니다."

"일본의 경우, 많은 조직에서 일단 현장을 떠나 탁상회의만 하게 되면, 즉 출세하게 되면 구조적으로 무능해진다는 악순환이 있습니다." (닛케이 비즈니스 온라인, 2011년 8월 23일)

역사학자 가토 교수와 저널리스트 이케가미 씨가 강조하는 '현실을 직시하지 않는 실패의 구조', '전력의 순차투입과 같은 어리석음', '톱 매니지먼트의 기능상실', '무능한 상사와 우수한 현장'과 같이 제2차 세계대전의 패배와 후쿠시마 원전사고의 공통된 구조적

요인은 사실 일본의 많은 조직들이 안고 있는 심각한 병리다. 일본의 정치, 행정, 기업, 나아가 대학 등 모든 조직들에서 관찰되고 있는 모습이다.

존 다워가 지적한 바와 같이 이번 동일본대지진과 후쿠시마 원전사고의 충격을 통해 지금까지 애써 보지 않으려 했던, 건드리려 하지 않으려 했던 일본 사회가 안고 있는 심각한 병리현상과 진지하게 대면하고 단호히 대처해 나가야 한다는 중요성을 깨닫고, 지금이야말로 '모든 것을 새로운 방법으로, 창조적으로 다시 생각하는 공간'을 구축하는 것이 필요하지 않을까? 이를 위해서라도 각 분야에서 '2011년 3월 11일을 받아들이는 것', 그리고 그때의 충격을 똑똑히 기록으로 남기는 것이 중요하다고 생각된다.

5 2011년 3월 11일·금요일·일본시간 14시 46분

2011년 3월 11일 금요일에 발생한 사건을 앞으로의 우리의 삶을 위한 교훈으로 삼고, 다음 세대에 남겨 줄 지혜로 삼기 위해서도 먼저 나 자신의 2011년 3월 11일을 기록해 두고 싶다.

2011년 3월 11일 일본시간 14시 46분(이하 시각은 24시간제로 표기)에 도호쿠東北지방 태평양연안에서 매그니튜드 9.0의 대지진이 발생했을 때, 나는 일본에서 멀리 떨어진 스리랑카에서 이 사실을 알게 되었다. 스리랑카의 거의 모든 폐기물 최종처리장은 매우 비위생적이며 수질오염 등이 우려되는 오픈덤핑방식[3]이다. 이런 상황을 개선하기 위해서는 스리랑카 사회에서 실행 가능한 폐기물 최종처리장 가이드라인을 작성하고 위생매립처분장으로 전환시킬 수 있도록 지원해야 한다. 이를 위한 예비조사를 위하여 스리랑카에 체재하고 있었다.[4]

다소 돌아가는 이야기가 되겠지만, 먼저 스리랑카의 상황에 대하여 이야기하고자 한다. 스리랑카의 커다란 문제는 새로운 처리장 건설에 대한 주민들의 거센 반대운동이었다. 위생매립처리장을 계획해도 주민들의 반대운동으로 묵살되고 만다. 결과적으로 기존의 비위생적인 오픈덤핑방식이 유지된다. 물론 스리랑카 주민들의 고집이 강하고 환경에 대한 의식수준이 낮은 면도 있다. 그러나 그보다는 우리의 조사에서 부각된 문제는 폐기물 행정에 대한 주민들의 강한 불신감이었다. 아무리 정부가 황금빛 청사진을 제시한다 해도, 제대로 된 처리장관리를 담당할 수 있는 행정능력도 정치적 의사도 스리랑카 정부에는 결여되어 있었다. 당연히 주민들은 정부를 신뢰하지 않게 되었고 정부도 새로운 폐기물행정을 추진하지 못하게 되는 악순환이 계속되고 있었다.

지금 생각하면 내가 스리랑카에서 본 문제는 후쿠시마 원전사

3 〔옮긴이〕 open dumping. 단순 매립. 오염방지 시설 없이 단순히 땅에 파묻는 처리방식.

4 스리랑카에서 실시하고 있는 '스리랑카 폐기물처리장에 있어서의 지역특성을 살린 오염방지와 수복기술의 구축' 지원사업(연구대표자 다나카 노리오〔田中規夫〕·사이타마대학 환경과학연구센터 교수, 2011-2015년)은 JICA(국제협력기구)/JST(과학기술진흥기구)의 SATREPS(지구규모과제대응 국제과학기술협력)에 의한 것이다. SATREPS과 관련해서는 http://www.jst.go.jp/global/, 스리랑카폐기물사업과 관련해서는 http://iest.saitama-u.ac.jp/project2/project2.html을 참고하기 바란다.

고 발생 후 일본의 원자력안전행정의 문제와 무엇 하나 다르지 않았다. 오히려 원자력을 취급하는 일본이 더 심각하다. 원자력안전·보안원 및 원자력안전위원회라고 하는 일본의 원자력안전행정이 너무나 '엉터리(적당주의)'여서 신뢰할 수 없다는 것을 많은 일본 국민들은 뼈저리게 학습했다.[5] 원자력안전·보안원 및 원자력안전위원회는 후쿠시마 원전사고 전과 비교할 때 아무것도 바뀌지 않았다. 그런데도 새로운 스트레스 테스트[6]라고 하는 명목하에 전력회사가 원자력발전소의 컴퓨터 시뮬레이션 테스트를 실시하고 그 결과를 원자력안전·보안원이 심사하여 안전하다고 인증한다. 아무도 신용하지 않는 행정기구가 안전하다고 인증하는 어리석음은 질 나쁜 농담이라고밖에 표현할 길이 없다. 영국《이코노미스트*The Economist*》지는 2012년 1월 7일호의, 일본 정부의 후쿠시마 원전사고 조사·검증위원회의 중간보고를 다룬 기사에서 일본 정부와 도쿄전력의 사고대응과 관련하여 '웃길 정도로 무능하다(an almost cartoon-like level of incompetence)'[7]고 표현했는데 새삼스레 일본 정

5 2011년 3월 29일부터 9월 2일에 걸쳐 내각관방참여(内閣官房参与)의 자격으로 원전사고대책에 참가했던 다사카 히로시(田坂広志)도 향후의 원자력대책에서 국민 신뢰의 중요성을 지적하였다(田坂 2012, pp. 201-203).

6 이 스트레스 테스트는 멜트다운(심층방호, 深層防護, Defense in Depth)까지 체크하는 유럽과는 달리, 어느 정도의 지진과 쓰나미에 견딜 수 있는지를 체크하는 것으로 매우 불충분한 1차 테스트이다.

7 The Economist(2012), "The Fukushima black box: a dangerous lack of urgency in drawing lessons from Japan's nuclear disaster", *The Economist*, January 7th, 2012. 또 영국《이코노미스트》지의 동일본대지진·후쿠시마 원전사고 1주년 특집호(*The Economist*, March 10th, 2012)에는 "Japan after the 3/11 disaster, The death of trust", "The dream that failed: Nuclear power will not go away, but its role may never be more

부의 한심함이 부끄러울 뿐이다.

스리랑카에서의 2011년 3월 11일 당일, 수도 콜롬보 시에서 내륙으로 차로 4시간 정도 달려 세계문화유산들로 유명한 캔디 시를 방문, 스리랑카의 명문대학인 페라데니야대학 공학부 관계자들과 10시가 조금 지난 시간부터 회의를 시작하였다. 정오가 거의 다 되어 점심식사를 위해 나가려고 하던 참에 페라데니야대학 관계자 몇 분이 방으로 들어와 동일본지역에서 큰 지진이 발생한 듯하다는 뉴스를 전해 주었다. 일본과 스리랑카의 시차는 −3시간 30분으로 지진이 발생한 일본시간 14시 46분은 스리랑카에서는 11시 16분이었다.

상세한 내용은 전혀 알 수 없었다. 조금 큰 규모의 지진이 있었다는 정도로만 생각하고 "일본에서는 지진이 자주 발생하니까요"라는 이야기를 나누고 있었다. 그 후, 모두 함께 점심식사를 하러 거리로 나갔다. 나도 그랬지만 동행하였던 사이타마埼玉대학의 관계자도 몇 번 도쿄로 전화를 했으나 전혀 연결되지 않았다. 나는 당시 히로시마에 있던 아내에게 전화를 걸었는데 다행히 히로시마에는 전화가 걸렸다. 하지만 아내도 TV를 보면서 '도쿄의 구단九段회관 천정이 떨어져 큰일이 난 듯하다'라며 단편적인 정보밖에 알 수 없다고 했다. 서서히 불안감이 커져 갔다. 점심 식사 후, 폐기물 최종처리장 조사를 위해 캔디 시의 남부에 위치한 감폴라 마을 관

---

than marginal, says Oliver Morton", "Safety Blow-ups happened: Nuclear plants can be kept safety only by constantly worrying about their dangers" 등 매우 흥미로운 기사가 게재되어 있다. http://www.economist.com/(검색일: 2012년 3월 11일)

청을 방문하였다.

감폴라 마을 사무실에 들어가자 왼편에 TV가 걸려 있었는데 많은 스리랑카 사람들이 말 그대로 TV 속으로 빨려 들어갈 듯이 TV를 쳐다보고 있었다. 자연히 우리도 뒤에 서서 TV를 보았다. 아마도 BBC의 중계였던 것 같다. TV는 쓰나미의 영상을 보여 주고 있었다. 시커먼 쓰나미가 평야로 천천히 밀려 들어오며 닥치는 대로 집어삼키고 있었다(나중에 이 영상은 NHK 센다이仙台방송국의 헬리콥터가 촬영한 것으로 센다이평야를 덮친 거대 쓰나미 실황중계영상이 전 세계에 전해진 것이라는 것을 알게 되었다).

오후 시간의 어수선한 분위기 속에서 스리랑카의 시골마을 관청에 멈추어 서서 TV에서 비추고 있는 거대한 쓰나미가 덮친 조국의 영상을 바라보고 있었다. 그것은 마치 SF영화를 보는 것처럼 현실감이 떨어진 것이었지만 그만큼 조국 일본에서 엄청난 사태가 진행되고 있는 것을 전하고 있어 나는 심장 고동이 점점 빨라지고 있음을 느꼈다.

호텔로 돌아와 계속 BBC 국제방송을 보고 있었다. 이 날(3월 11일) BBC는 거의 모든 시간을 일본에서 발생한 대지진 및 거대 쓰나미에 대한 뉴스와 해설에 할애하였다. 그러나 다음 날(3월 12일)부터는 일제히 후쿠시마 원전에 관한 뉴스로 바뀌었다.

3월 12일 토요일 일본시간 15시 36분, 후쿠시마 제1원전 1호기의 원자로 건물이 수소폭발로 인해 날아가 버렸다. 원전 건물이 폭발로 날아가는 너무나도 충격적인 그 영상은 끝없이 반복되어 나오고 있었다. 사태는 급속도로 대지진·거대 쓰나미에서 원자력재해, 그것도 1호기에서 4호기까지 연쇄적으로 제어가 불가능해졌다고 하는, 체르노빌 사고 이상의 재난 발생을 예감케 하는 국면으로 흘러갔다.

우리는 3월 12일 심야에 콜롬보를 떠나 싱가포르를 경유하여 13일 오후에 나리타공항으로 귀국할 예정이었다. 싱가포르항공이 나리타행 비행기를 운행 정지시킨다는 정보가 있어 무사히 귀국할 수 있을지 없을지 간사이공항으로 들어갈 수 있도록 변경이 가능할지 어떨지 마음 졸이고 있었지만, 결국 예정대로 싱가포르에서 나리타공항으로 귀국할 수 있었다.

우리가 귀국한 3월 13일은 일요일로 도쿄전력의 계획정전이 시작되기 전이었기 때문에 교통편도 정상적으로 운행되고 있어 큰 불편 없이 나리타공항에서 도쿄 와세다 근처에 있는 집으로 돌아올 수가 있었다.

그러나 3월 14일(월요일)부터 도쿄전력의 '계획정전'이라고 하는 이름하의 '무계획정전'이 실시되면서 도쿄 지역은 지진과 원전사고에 이어 정전이라고 하는 커다란 사회적 스트레스에 시달리게 되었다. 더욱이 3월 14일 11시 01분에는 3호기가 대폭발을 일으켜 대량의 방사능이 사방으로 퍼져 나갔다. 3호기의 너무나도 엄청난 폭발 영상은 '이 세상의 종말'을 고하고 있는 듯이 생각되었다. 도쿄 거리에서는 불빛이 사라지고 음료수와 식료품이 동이 났다. 이는 '전시 상황의 거리'란 아마도 이런 분위기일 것이라고 생각하게 하는 그런 이상한 모습이었다. 내가 근무하는 와세다대학은 3월 말 졸업식을 취소하고 4월 입학식도 취소하게 되었다. 신학기의 시작은 5월로 연기되고 많은 유학생들은 본국으로 긴급 귀국하였다.

6 일본의 원자력발전 연구와 이 책의 과제

지진이 발생한 지 어느덧 1년 이상의 시간이 흘렀다. 어느 덧 도쿄의 거리엔 불빛이 돌아왔고 편의점과 슈퍼마켓에는 생수도 우유도 요구르트도 빵도 넘치고 있다. 그러나 모든 것이 제자리로 돌아온 것은 아니었으며 제자리로 돌려놓아서도 안 된다고 생각한다.

2011년 말이 되어서야 후쿠시마의 방사능오염에 대한 오염제거작업이 시작되었으며 사실상 원전 피난지역에 대한 재검토가 이루어졌다(정식 재검토는 2012년 4월 1일). 2011년 12월 16일에는 노다野田 수상이 후쿠시마 사고에 대한 수습선언을 발표, 해가 바뀐 2012년 2월 10일에는 부흥청復興廳이 설치되었다. 지진 발생 후 무려 11개월이나 지난 시점에서 부흥청이 설치된 것이다. 그러나 후쿠시마의 원전사고가 마무리된 것도 재해복구가 궤도에 오른 것도 아니다.[8]

---

8 동일본대지진 1년 특집《니혼게이자이신문》2012년 3월 11일자는 1면(도쿄 14판)에서 〈지금이야말로 재생을 위한 저력을〉이라는 제목의 기사를 게재하였다. 그중에서 '부흥은 아직 2할 정도'라며 재난피해 지역을 상세히 밝힌 마스다 히로야(增田寛也·노무라종합연구소 고문, 전 이와테(岩手)현 지사) 씨와의 인터뷰와 '완전한 복구에는 5년 걸린다'라고 밝힌 미야기(宮城)현 담당자의 이야기를 소개하였다. 기사는 이와테현과 미야기현에 관련된 내용이다. 이 두 현과 비교하면 원전사고를 겪은 후쿠시마현에서는 복구가 늦어지고 있으며 앞으로도 갈 길이 멀다는 것은 틀림없는 사실이다.

다양한 '후쿠시마 원전사고와 관련된 것'들이 신문, TV, 인터넷 상에서 양산되고 많은 잡지와 서적들이 출판되었으며 앞으로도 그러할 것이다. 정부도 국회도 민간도 사고조사회를 만들어 중간보고 등이 발표되고 있지만 후쿠시마 원전재해에 대해서는 아직 모르는 것투성이다.

필자는 환경경제·정책학이 전문인 사회과학자로 대학원생 재학 시절 미국의 원자력발전소에 대한 사회적 규제에 관한 논문[9]도 발표한 바 있다. 하지만 그 후 지속적으로 원자력발전문제를 연구해 온 것은 아니다. 오히려 후쿠시마 원전사고가 발생하기 전까지는 온난화에 대한 대책을 연구하는 과정에서 원자력산업에 대한 안전규제와 핵폐기물의 최종처리문제 해결을 조건으로 자연에너지가 본격적으로 실용화되기 전까지의 과도기에 한해 원자력발전의 필요성을 인정하는 발언(주장)을 이어 왔다.

나는 지금 사회과학자로서 깊이 반성하고 있다. 사회과학자로서, 사실에 근거하여 일본의 원자력산업에 대한 사회적 규제가 어떻게 되어 있는지를 분석하고 과학적인 평가를 통하여 원자력발전에 대한 발언을 했어야 했다. 정말로 안전이 보장되는 심사제도인가, 리스크를 완전히 제거할 수 없다면 중대 사고가 발생했을 때의 대책과 체제는 확립되어 있는가, 규제를 받게 되는 전력업계의 대응능력은 어떠한가, 리스크에 대한 정보와 피난 방법은 주변 자치체(自治体, 지방자치단체)와 주민들에게 주지되어 있는가 등 진지하게

9 마쓰오카 슌지(松岡俊二, 1988) 〈원자력발전에 대한 사회적 규제 연구—미국 원자력규제위원회 사례를 중심으로〉, 《공해연구》 18(2), 이와나미서점, pp. 13-19.

연구했어야 한다고 깊이 반성하고 있다.

4가지 접근방식

이러한 사회과학자로서의 깊은 반성을 토대로 이 책은 후쿠시마 원전사고에 접근해 가고자 한다. 당연히 필자가 모든 의문에 답할 수 있는 것도 아니고 그럴 필요도 없다고 생각한다. 이번 후쿠시마 원전사고에 대해서는 다양한 연구와 조사가 이루어지고 있으며, 많다고 할 수는 없지만 일본의 원자력발전에 관한 뛰어난 선행연구도 존재한다. 일본의 원자력발전과 이번 후쿠시마 원전사고에 대한 사회과학분야의 연구는 아래와 같은 4가지 접근방식으로 분류할 수 있다.

첫째, 후쿠시마 원전사고의 요인을 도쿄전력을 비롯한 일본 전력산업의 사회적 존재형태에서 찾고자 하는 분석 시각이다. 특히 전력산업 중 원자력산업의 특성을 분석한다. 또 건설 중인 발전소도 원가로 산정되는 일본 특유의 총괄원가방식에 의한 요금설정문제와 발송배전發送配電의 수직통합이라고 하는 지역독점문제 등에 초점을 맞추고 있다. 히토쓰바시一橋대학 깃카와 다케오橘川武郎 교수의 일련의 연구가 대표적이다(橘川 2011a; 2011b).

이 연구들은 지역독점체제의 전력업계에서 '장남' 격인 도쿄전력의 유아독존적인 성격을 사고의 요인으로 지목하고 또 회사 내에서 특수한 사내 파벌을 형성해 온 원자력발전 부문의 폐쇄적인 체질에 대하여 분석하고 있다.

둘째, 정·관·산·학·미디어가 일체가 되어 '원자력촌'을 형성하여 원전을 추진해 온 사회구조 등에 초점을 맞추고 있다. 규슈九州대학 요시오카吉岡의 연구가 대표적이다(吉岡 1999; 2011a).

요시오카는 이전에 출판되었던 《원자력 사회사》에서 "일본의 원자력개발 이용체제의 제2의 구조적 특징인 '하위정부 모델subgovernment model'의 지배라는 점에 대하여, [⋯] 어느 특정 공공정책분야에서 정치가·관료·업계 관계자로 구성된 한 집단이 고도의 자율성을 통하여 국가정책의 결정권을 사실상 독점하는 듯한 상태를 표현한 모델"(吉岡 1999, p. 24)로서, 일본의 원자력개발을 분석하는 데 유효하다고 주장하고 있다. 이러한 하위정부가 바로 '원자력촌'이며 정보의 은폐 속성과 안전 신화를 형성시켜, 결과적으로 안전대책을 경시하는 구조를 만들어 냈다고 주장한다.

셋째, 원전의 비즈니스 모델로서의 문제와 원자력산업의 산업조직으로서의 성격에 주목하는 접근방법이다. 게이오慶應義塾대학의 다케모리 슌페竹森俊平와 히토쓰바시一橋대학의 사이토 마코토斎藤誠 교수 등의 연구가 대표적이다(竹森 2011, 斎藤 2011).

다케모리 교수는 "원전은 비즈니스 모델로서 파탄에 이르고 있는 것은 아닐까?"(竹森 2011, p. 23)라는 의문을 먼저 제시한 후, 미국의 원자력발전 비용에 대한 대표적 연구자인 폴 조스코Paul Joskow의 연구를 통하여 '적어도 석탄에 의한 발전과 비교할 때 원자력발전은 비용이 많이 든다. 경제적으로 합리적이지 못하다. [⋯] 게다가 이는 에너지 문제에 대한 세계 주요 연구기관들의 컨센서스다'(다케모리 2011, p. 26)라고 지적하였다. 또 다케모리는 그렇다면 왜 가격경쟁력이 떨어지는 원자력발전이 일본 등에서 경제성이 있는 것으로 인정되어 추진되고 있는가에 대한 의문을 던지고, 이는 수직통합형 독점 혹은 국영=발전도상국형이라는 원자력발전추진 체제하에서 자본비용을 삭감해 왔기 때문이라고 주장하였다(竹森 2011, pp. 40-48).

이러한 다케모리의 논점에서 보면, 일본의 국책민영시스템하에서 왜 원자력산업이 적극적인 안전대책을 마련하지 않는가에 대한 이유도 짐작할 수 있다. 후쿠시마 원전사고와 관련한 민간 사고조사위원회(후쿠시마 원전사고 독립 검증위원회) 위원장을 맡았던 기타자와 코이치北沢宏一 씨는 "제조사 측이 도쿄전력에 '안전성 향상을 위하여'라며 원자력발전소에 대한 개선을 제안하면 도쿄전력은 '현재 위험하다는 것인가?'라며 화를 냈다고 한다. 도쿄전력에 '안전성 향상'이라는 말은 금기어였다"고 하는 이야기를 소개하였다(니혼게이자이신문, 2012년 3월 11월). 국책민영시스템에 의한 원자력발전산업에서는 정부 보장에 의한 위험 프리미엄[10] 제거를 통하여 자본비용이 절감되기 때문에, 경쟁시장 체제하의 민간 기업이라면 당연히 추구해야 할 위험에 대한 대응능력이 완전히 결여되어 있었다는 점을 알 수 있다.

넷째, 원자력발전소의 안전심사에 대한 문제점과 일본의 안전규제를 담당하는 경제산업성 자원에너지청 산하 원자력안전·보안원과 내각부에 설치되어 있는 원자력안전위원회의 역할에 대한 문제점을 다룬다. 이다 테쓰나리飯田哲也 씨는 "다음 두 가지 점이 일본

10 〔옮긴이〕 경제 용어로 투자자의 추가 위험 부담에 대한 보상.

원자력에 있어서의 가장 본질적인 결함"(飯田·斎藤·河野 2011, pp. 26-27)이라고 지적하고 '① 안전심사가 실질적이지 못하고 허술하다는 점, ② 기술의 본질이 빠져 있다는 점'(飯田·斎藤·河野 2011, p. 27)이다. 이다 씨는 고베제강神戸製鋼과 전력중앙연구소에서 근무했던 자신의 경험을 토대로 '국가의 안전심사는 신청자인 기업에 전면적으로 의거하고 있어 본질적인 결함이 있어도 이를 간파할 수 있는 구조를 갖추지 못했다'(飯田·斎藤·河野 2011, pp. 28)고 평가하였다.

《마이니치毎日신문》(2011년 11월 2일)은 〈원전검사 '자기 손으로 직접하려면 해가 저물 거다' 안전기구 간부의 뻔뻔함〉이라는 기사를 게재하였다. 원자력안전·보안원으로부터 핵연료검사 실시를 위탁받은 원자력안전기반기구原子力安全基盤機構(JNES, 경제산업성 외곽단체)가 '무엇을 어떠한 방법으로 점검할 것인가'를 정해놓은 검사 요령이라고 할 수 있는 〈요령서〉 작성을 검사대상 사업자인 '글로벌 뉴클리어 퓨얼 저팬Global Nuclear Fuel-Japan'(글로벌핵연료JAPAN)에게 완전히 위임하고 있었음을 보도하였다. 또 "검사대상 사업자에 대한 예고 없이 갑자기 검사를 실시하지 않고 검사내용의 원안을 사전에 작성하고 옮겨적게 하는 '유명무실한 검사방식'[11]은 나쁜 습관일 것이다"라는 원자력안전·보안원 간부의 이야기도 소개하였다. 결국 일본의 원자력산업에 대한 안전검사체제는 행정은 전력회

11 〔옮긴이〕 殿様検査. 아이를 업어 주면, 다음에는 안아 달라고 어리광을 부리는 것처럼, 남에게 어리광을 부려 일을 해결하려고 하는, 혼자서는 아무것도 할 수 없는 것을 비난하는 상황을 의미한다.

사 떠넘기기, 전력회사는 제조사 떠넘기기라고 하는 구조였으며 실질적으로 독립된 검사체제를 갖추지 못하였던 것이다.

이상으로 후쿠시마 원전사고와 관련한 사회과학분야의 선행연구를 4가지 그룹으로 나누어 각각의 특징을 살펴보았다. 물론 이러한 일련의 선행연구는 서로 관련되어 있어 하나의 연구가 반드시 하나의 입장만을 논하고 있는 것은 아니다. 모든 문제가 다 중요한 문제이며 후쿠시마 원전사고가 이러한 구조적 요인을 배경으로 하고 있다는 점에는 틀림이 없다.

이와 같은 선행연구를 토대로 필자는 환경경제·정책학을 중심으로 연구해 온 사회과학자로서 일본의 원자력산업에 대한 안전규제문제를 이 책의 중심 테마로 삼고자 한다. 이러한 의미에서 위에서 기술한 분류 중 네 번째 접근방식을 기본으로 하면서도 이다 씨 등의 관점보다 좀더 넓은 시야에서 안전규제문제를 논하고 향후 일본의 원자력산업에 대한 안전규제의 방향성에 대하여 검토하고자 한다.

4가지 과제

이 책의 과제는 아래와 같다.

(1) 후쿠시마 원전사고 시 왜 원자력안전·보안원과 원자력안전위원회는 제대로 기능하지 못하였는가? 원자력안전·보안원과 안전위원회는 정말 무능한 기관인가?

(2) 향후 원자력발전산업에 대한 안전규제를 강화해 나가야 한다는 것은 당연한 것으로, 이를 위하여 원자력안전·보안원과 원

자력안전위원회 등을 통합한 원자력규제위원회 및 원자력규제청이 발족될 예정인데, 과연 안전규제의 강화란 무엇을 의미하는 것인가?

(3) 안전규제를 강화하기 위하여 규제기관의 독립성에 대한 필요성이 지적되고 있는데 독립성이란 무엇인가? 미국의 원자력규제위원회(NRC)에서는 기술적 독립성 및 정치적 독립성과 함께 규제대상으로부터의 요금수입에 의한 재정적 독립성도 지적되고 있는데, 이러한 독립성을 일본 사회에서 어떻게 적용시키는 것이 좋을까?

(4) 규제기관의 강화 및 독립성의 확보만으로 효과적인 안전규제는 가능한 것일까?

7 규제와 혁신

결론부터 말하자면, 2012년 6월 20일에 제정된 원자력규제위원회 설립법에 의해 경제산업성의 원자력안전·보안원 등을 재편하고 3조條위원회[12]로서 독립된 원자력규제위원회와 동 위원회 사무국

---

12 〔옮긴이〕 '3조 위원회'란 곧 원자력규제위원회을 의미한다고 할 수 있다. 원자력규제위원회설치법안(原子力規制委員会設置法案)에 따라 환경청 산하에 원자력규제위원회를 설치하고, 그 밑에 사무국(실시기관)으로서 원자력규제청을 둔다는 내용과 함께, 원자력규제위원회는 '국가행정조직법 3조 2항의 위원회', 즉 "3조 위원회"라 불리우는 행정위원회로서 독립성이 강화되었다. 심의회와 같은 자문기관이 아닌 국가의 행정기관으로서, 독자적으로 규칙을 공시(告示)하고 제정하는 권한을 가지고 있으며, 국가의 의사결정이 제대로 시행될 수 있도록 공지하는 기관이다.

으로서의 원자력 규제청을 만들었다고 해서 이것만으로 원자력발전소의 안전성이 확보되는 것은 아니며 사고가 발생했을 때의 대응능력이 향상되는 것도 아니다.

우선 규제기관의 기술적 독립성·정치적 독립성·경제적 독립성 등을 확보하는 것이 가장 우선되어야 할 필요조건이다. 또 이러한 사회적 규제를 제대로 수용할 수 있도록 전력기업의 시장조건을 정비하는 것이 두 번째 필요조건이다. 규제주체의 독립성 및 능력과 더불어 규제를 받는 전력산업(원자력산업) 부문이 실제 규제대응應適할 수 있는 능력과 경제적·사회적 조건을 갖추고 있지 못하다면 사회적 규제는 유효하게 그 기능을 발휘하지 못한다.

또한 규제하는 측(규제기관)과 규제를 받는 측(피규제기관)뿐만 아니라 이러한 규제관계를 감시하고 제어하는 시민사회가 유효하게 기능을 발휘할 수 있는 사회시스템 및 거버넌스의 역할이 충분조건이 된다.

예를 들어 1970년대의 자동차에 대한 환경규제가 좋은 예라 할 수 있다(中村 2008). 1960년대 후반부터 선진국의 대도시에서는 질소산화물 등에 의한 대기오염문제가 심각해져 미국에서는 랠프 네이더Ralph Nader와 같은 시민활동가들은 자동차산업을 신랄하게 비난하였다. 이러한 비판에 대한 대응으로서 미국에서는 획기적인 자동차배기가스규제법인 '머스키 법Muskie Act'[13]이 1970년에 제정되었다. 그러나 규제를 달성하기에는 기술적·경제적으로 어려움이

13 〔옮긴이〕 미 상원의원 '머스키'의 제안에 의하여 법제화된 '가솔린금지법'.

많다고 주장하는 빅3 등 자동차업계의 강한 반발로 머스키 법은 1974년에 폐안이 되고 말았다.

그런데 일본의 자동차산업은 환경혁신을 적극적으로 도입하여 혼다의 CVCC엔진이 1972년에 개발되었으며 1976년에는 머스키 법 기준을 달성하였다. 도요타와 닛산은 미국의 빅3(포드, GM, 크라이슬러)와 마찬가지로 배기가스규제에 대하여 매우 소극적이었다. 하지만 이 기준 충족에 성공한 혼다라는 새로운 경쟁상대의 출현으로 도요타와 닛산도 배기가스대책을 추진하지 않을 수 없었다. 이러한 주요 기업들의 기술개발을 토대로 1978년부터 일본에서는 머스키 법 기준이 실시되었다(일본판 머스키 법). 이러한 1970년대 일본의 중앙공해대책심의회에 의한 환경규제의 강화와 이에 대한 일본 자동차산업의 환경혁신 도입의 성공이 그 후 일본 자동차산업이 세계의 자동차시장을 석권하는 중요한 원천이 되었다. 미국과 일본의 자동차배기가스에 대한 환경규제와 자동차산업의 대응 차이는 그 후 일본의 자동차산업의 전성기와 미국 빅3의 쇠퇴기로 이어졌다. 사회의 규제제도의 운용과 규제대상산업의 행동양식이 사회적 규제의 유효성을 결정짓는다.

미래를 위한 환경안전규제를 단호히 추진하기 위한 적절한 규제제도의 운용을 위해서는 어떠한 주체적 조건과 사회적 조건이 필요한가? 또한 규제를 통해 환경혁신을 실현하고 이를 통해 기업의 경쟁우위를 가능하게 하는 주체적 조건과 사회적 조건이란 무엇인가? 이것이 바로 '포터 가설Porter Hypothesis'이다. 1991년, 하버드의 저명한 경영학자 마이클 포터Michale E. Porter는 적절하게 설계된 환경규제는 기업에 낭비 배제(cost offset)와 혁신을 촉진하여 (innovation offset), 결과적으로 해당 기업이 경쟁우위에 서게 된다는 이론을 발표하였다(Porter 1991). 그 후 이 이론은 '포터 가설'이라 하여 환경경제·정책학에서 유력한 이론이 되었다(松岡 2005).

포터 가설은 규제에 근거한 경쟁시장조건 창출의 중요성을 지적하고 이러한 경쟁조건에 의한 환경혁신의 프로세스를 나타냈다. 그러나 21세기의 환경혁신은 더욱 진화하고 있다. 규제에 의거한 환경혁신을 도모하던 과거와는 달리 '기업의 사회적 책임(CSR)'이라고 하는 자발적이고 창조적이며, 법률에 의거한 사회적 규제 수준보다도 더 높은 환경기준을 기업 스스로가 사회에 선언하고 이를 달성하기 위해 노력하는 것이 규범화되고 있다. 여기에는 규제가 아닌 자발성에 의거하여, 법률이라고 하는 형식적인 제도가 추구하고 있는 것보다도 더 고차원적인 환경혁신을 실현하고자 하는 강한 '의지'가 존재한다. 강한 '의지'가 결여된 CSR 활동은 표면적인 것에 그치게 되고 환경혁신으로도 이어지지 못한다.

이와 같은 20세기 후반의 포터 가설과, 자발성 및 사회적 책임에 의거한 21세기의 환경혁신론이라는 관점에서 일본의 원자력산업과 전력산업을 볼 때, 규제라는 것 자체가 제대로 기능하지 않았던 20세기 중반의 시대에 뒤처진 산업과 기업만이 보인다. '상정했던 것 이상(想定外)' 운운하는 것으로 변명이 될 것이라고 생각하는 산업계와 행정 당국의 구태의연한 자세를 근본적으로 따져 보아야 할 것이며, 이러한 자세는 21세기의 세계에는 존재해서는 안 된다. 존재해서는 안 되는 조직과 제도가 존재할 때 드는 막대한 사회적

비용에 대하여 생각해 보아야 한다. 그러한 의미에서 일본의 전력산업은 현대의 '공룡'이라 할 수 있으며 그만큼 매우 부담스러운 문제이다.

이 책은 원자력산업에 대한 안전규제문제에 초점을 맞추면서도 21세기의 지속 가능한 지구 사회 형성에 중요하다고 생각되는 자발성과 사회적 책임에 의거하여 법규제의 수준보다도 높은 안전수준을 지향하는 산업과 기업의 모습을 그려 보고자 한다. 21세기의 안전규제방식은 단순한 '네거티브 체크'가 아니라 보다 '포지티브'한 사회적 가치창조로 이어지도록 하는 것이 중요하다. 법률과 기준을 지켰다는 것에 만족하는 것이 아니라 더 높은 안전성과 지속성의 기준을 추구하는 기업의 자발성과 사회적 책임을 촉구하는 사회적 규제가 중요하다. 이러한 21세기의 사회적 규제는 법적 규제라고 하는 공식적(formal)인 제도뿐만 아니라 사회적 규범이라고 하는 비공식적(informal) 제도까지도 포함한 제도 설계로서 논의되어야 한다.

이 책은 이러한 21세기의 사회적 규제제도에 대한 설계라고 하는 관점에서 후쿠시마 원전사고를 유발하고 더욱 악화시킨 일본 원자력산업의 안전규제의 문제점을 검토하여 향후 일본의 원자력산업에 필요한 안전규제에 대하여 고찰하고자 한다.

제 2 장

후쿠시마 원전사고와 안전규제기관의 능력

1 후쿠시마 원전사고의 검증

먼저, 왜 도쿄전력 후쿠시마 제1원자력발전소 1, 2, 3, 4호기에서 원전사고가 발생하였는가? 왜 사고대책과 주민들의 피난이 뒤로 뒷전으로 밀려나 버렸는지에 대하여 다시 한 번 생각해 보고자 한다. 같은 후쿠시마 제1원전의 5, 6호기, 조금 남쪽에 위치한 후쿠시마 제2원자력발전소와 미야기현 오나가와초女川町에 있는 도호쿠東北전력 오나가와 원자력발전소는 후쿠시마 제1원전과 거의 같은 규모의 대지진과 거대 쓰나미의 직격을 받았으나 가동 중이었던 원자로는 안전하게 제어되어 냉온 정지되었다. 이러한 사실은 우연히 운이 나빠서 후쿠시마 제1원전의 1, 2, 3, 4호기에서 사고가 발생했다기보다 여러 측면에서 미흡했던 사고 후의 대처가 거듭되면서 더

큰 사고로 이어졌을 가능성을 시사한다. 이러한 의미에서는 왜 사고가 발생하였는지뿐만 아니라 오히려 사고가 어떻게 진행되어 어떻게 제어불능상태에까지 이르게 되었는지를 검증해 보아야 할 것이다. 그리고 이러한 과정에서 안전규제기관인 원자력안전·보안원 및 원자력안전위원회가 어떠한 역할을 했는지 살펴보고자 한다.

후쿠시마 원전사고의 검증을 둘러싸고 개인 및 각 그룹들의 조사연구와 정부, 국회, 사업자(도쿄전력), 민간, 국제기관 및 해외 연구기관, 연구 그룹 등에 의한 검증작업이 이루어지고 있다. 아직 의문투성이의 후쿠시마 원전사고이긴 하지만 '모른다', '모르겠다'만 반복하고 있어서는 어떤 지혜도 얻을 수 없다. 아직 부족한 상황이긴 하지만 다양한 검증과 연구를 통해 지금까지 무엇을 알게 되었는지, 또 어떠한 의문점이 도출되었는지를 안전규제와의 관계를 통해 정리해 보고자 한다.

일본 국내에서 구성된 주요 후쿠시마 원전사고 조사위원회에는 정부의 사고조사검증위원회(이하, 정부사고위), 민간의 일반 사단법인·일본재건이니셔티브(RJIF)가 기반이 되어 조직된 후쿠시마 원전사고 독립검증위원회(이하, 민간사고위),[1] 사업자인 도쿄전력에

---

1 '민간사고위'라고 불리는 후쿠시마 원전사고 독립검증위원회는 일반 '사단법인·일본재건이니셔티브'를 배경으로 조직되었다. 이 재단은 2011년 3월 동일본대지진을 계기로 전 아사히신문 주필이었던 후나바시 요이치(船橋洋一)를 이사장으로 하여 도쿄 아카사카의 아크힐즈프론트타워 11층에 설립되었다. 재단설립 취지에서 "일본재건이니셔티브는 싱크탱크기능을 중심으로 네트워크, 미디어, 클럽 등의 여러 기능을 겸비한 '싱크탱크복합체'가 되어 국내외의 역사적 전환점에서 일본의 재건을 구상하고 실현하고자 하는 지적 인큐베이터를 목표로 한다"고 밝히고 있다(http://rebuildjpn.org/about, 2012년 2월 13일 검색). 이 재단의 최초이며 최대 사

의한 '후쿠시마 원자력사고조사위원회'(이하, 도쿄전력사고위), 국회에 의해 설치된 사고조사위원회(이하, 국회사고위)라는 4개의 위원회가 있다.

정부사고위는 4개 위원회 중에서 가장 빨리 설치되었다. 정부사고위는 2011년 5월 24일의 각의결정에 의해 설치되어 6월 7일에 제1회 위원회를 개최하였다. 위원장은 '실패학'을 제창한 것으로 알려져 있는 하타무라 요타로畑村洋太郎 도쿄대학교 명예교수이며, 관련 분야의 전문가, 사법 관계자, 작가 등 10명의 위원으로 구성되었다. 도쿄전력, 원자력안전·보안원 등의 관계자 약 460명을 대상으로 한 청취조사를 통하여 2011년 12월 26일에 중간보고서(약 500쪽)를 공표하였으며, 2012년 7월 23일에는 최종보고서를 발간할 예정이다. 정부사고위는 중간보고서를 통하여 사고의 원인으로서 국가(원자력안전·보안원)와 도쿄전력이 예상을 초월한 쓰나미에 의한 모든 전원의 상실과 이에 따른 '중대사고(severe accident)'를 전혀 고려

업으로서 2011년 11월에 발족된 '민간사고위'는 기타자와 코이치(北澤宏一, 전 과학기술진흥기구 이사장)를 위원장으로 '7명의 일본을 대표하는 과학자 및 법률가, 에너지전문가'(재단 HP)로 구성된 전문가위원회로 산하에 30명 정도의 워킹그룹이 있다. 재단은 '제언 내용과 관련하여 정부 관계 기관이나 기부자들로부터 독립되어 있다. 또 본 프로젝트의 실시에 있어서 전력·에너지 부문의 관계 기업 등 원전사고와 직접 연관된 기업들의 자금을 전혀 받지 않았다'고 밝히고 독립성을 강조하였다.

일본에서도 이렇듯 견실한 '민간사고위'가 조직되어 '투명한 사고검증'을 통하여 2012년 1월 21일에는 이른바 사고 직후의 '최악의 시나리오'의 존재를 밝혀내는 등 중요한 역할을 해낸 것은 높이 평가할 만하다. 그러나 실제로는 다케나카 헤이조(竹中平蔵)를 중심으로 한 힐즈 아카데미와 관련된 인맥들이 중심이 된 사고조사위원회로 정부 관계의 요직과 위원 등을 역임했던 사람들이기에 이번 보고서도 얼마만큼 민간의 독립성과 창의성이 중시되었는지는 의문이다.

하지 않았다는 점을 지적하였다. 그 배경요인으로는 ① 도쿄전력에 의한 자체 보안의 한계, ② 규제 관계 기관의 미흡한 태세, ③ 전문 분화·분업의 폐해, ④ 위기정보 제시의 어려움 등을 꼽았다.

민간사고위는 기타자와 고이치北澤宏一 전 과학기술진흥기구 이사장을 위원장으로 하여 과학자 및 법률가, 에너지 전문가 등 7명의 위원으로 구성되었다. 이 위원회의 제1회 회의는 2011년 10월 14일에 개최되었다. 도쿄전력, 원자력안전·보안원, 원자력안전위원회, 간 나오토菅直人 전 수상, 가이에다 반리海江田万里 전 경제산업장관 등 정치가를 포함하여 약 300명을 대상으로 청취조사를 실시하였으나 도쿄전력의 간부는 직접적인 청취조사에는 응하지 않았다. 약 400쪽에 달하는 최종보고서는 2012년 2월 27일에 공표되었다. 나중에 다시 논하겠지만 민간사고위의 최종보고서는 간 수상을 포함한 수상관저가 주도했던 사고 대응방식이 혼란을 조장하고 사태를 악화시켰을 가능성을 명확히 밝히고 동시에 도쿄전력의 당사자로서의 책임감 결여 및 조직적 태만을 강하게 비난하였다. 또한 원자력안전규제가 해외의 최신 동향 및 정보를 무시하여 규제의 '갈라파고스화(Galapagos Syndrome)'[2]를 자초하였다고 결론지었다.

도쿄전력사고위는 야마자키 마사오山崎雅男 도쿄전력 부사장을 위원장으로, 도쿄전력 간부 8명을 위원으로 하는 사내 조사위원회가 2011년 6월에 설치되었다. 또한 야가와 겐키矢川元基 도쿄대학 명예교수를 위원장으로 사외 전문인 7명으로 구성된 사고조사검증

2 〔옮긴이〕 자신들만의 표준만 고집함으로써 세계시장에서 고립되는 현상을 뜻하는 말로, 예를 들어 일본 IT산업의 상황을 일컫는 말로 쓰인다.

위원회를 설치하여 제3자의 입장에서 보고서를 검토하도록 하였다. 도쿄전력사고위는 도쿄전력의 간부 및 후쿠시마 원전 운전원 등 250명에 대한 청취조사와 후쿠시마 원전사고의 상세한 데이터 분석을 바탕으로 약 130쪽의 중간보고서를 2011년 12월 2일에 공표하였다. 또 최종보고서는 2012년 6월 20일에 공표하였다. 최종보고서에서 사고 원인을 예상을 초월한 쓰나미로 규정하고 사전 대책 및 사후 대책은 국가의 심사에 적합하게 이루어졌으며 국가와 하나가 되어 정비해 왔다고 강조하였다. 또한 최종보고서는 "수상 관저의 개입이 혼란을 가중시켰다"고 주장하고 있어 "시종일관 자기변명과 책임전가에 급급"(아사히신문, 2012년 6월 20일)한 것이었다.

국회사고위는 구로카와 기요시黒川清 전 일본학술회의 회장을 위원장으로 하여 전문가 등 6명으로 구성된 위원회이다. 국회사고위는 2011년 10월 7일 '도쿄전력 후쿠시마 원자력발전소 사고조사위원회법'에 의거하여 설치되었다. 국회사고위는 국회의 중·참의원 양원의 합의 아래 법률에 의거하여 설치된 위원회로 청취조사 등에서 국정조사권에 의거한 강제적인 소환이 가능하다. 국회사고위도 도쿄전력 및 원자력안전·보안원, 정치가 등에 대한 청취조사를 중심으로 한 조사를 실시하였다. 특히 후쿠시마 원전사고로 인한 피난 주민을 대상으로 한 청취조사 및 주민 설문조사를 실시하는 등 피해자들의 입장을 중시하고 있는 점은 주목할 만하다. 최종보고서는 2012년 7월 5일에 공표되었다. 국회사고위의 검증작업에 대해서는 '무엇을 해명하고자 하는지 잘 모르겠다'라는 평가도 많아, 국민의 기대에 부응하였는가라는 점에서는 의문이다.

이상과 같이 정부, 민간, 도쿄전력, 국회라고 하는 4개의 주요 조사위원회가 검증을 실시하였으며 민간사고위, 도쿄전력사고위, 국회사고위는 이미 최종보고서를 발표하였고 정부사고위는 2012년 7월 23일에 최종보고서를 공표할 예정이다. 이들 4개 위원회의 조사활동을 통해 후쿠시마 원전사고의 검증은 어디까지 진행되었다고 할 수 있을까?

《아사히신문》(2012년 5월 1일)은 '검증 후쿠시마 제1원전 사고 조사위원회'라는 제목으로 특집을 게재하였다.[3] 특집 서두에서 "후쿠시마 제1원전 사고와 관련하여 정부, 국회, 도쿄전력이 금년 여름까지 최종보고서를 발표할 예정이다. 사고가 발생한 지 1년여가 지났다. 지금까지 중간보고서가 공표되었지만 사실인정 및 인식에 차이가 있어 많은 의문이 남는다"라며 아래와 같은 세 가지 문제점을 지적하였다.

첫 번째는 도쿄전력의 시미즈 마사타카清水正孝 사장(당시)의 '전원 철수' 발언에 대한 문제이다. 두 번째는 1호기 및 3호기의 비상용 원자로 냉각장치의 조작이 적절히 이루어졌는지에 대한 문제이다. 세 번째는 2호기에서 무슨 일이 벌어진 것인지, 어떻게 되고 있는지에 대한 문제이다. 이 세 가지 중에서 두 번째로 지적한 비상용 원자로 냉각계의 사고 후 조작문제와 세 번째로 지적한 2호기와 관련한 문제는 사고원인의 기술적 규명과 관련하여 매우 중요한 문제

3 〔옮긴이〕 위원회의 정식명칭은 '도쿄전력원자력발전소 사고조사 및 검증위원회'이다. 2011년 12월 16일 중간보고서를 토대로 "사고 및 사고에 의한 피해의 원인을 규명하고, 재발방지" 등의 정책제언 등을 담고 있다.

로 각 원자로의 사고 후 데이터가 완전히 공개되고 현장검증이 가능하지 않다면 문제를 상세히 규명하기 어렵다.

또《아사히신문》이 지적한 3가지 문제점 이외에도 근본적으로 후쿠시마 원전사고와 '지진', '쓰나미', '사고대응(사회시스템·조직·인간의 행동)'이 어떠한 관계를 맺고 있는가에 대한 근본적인 문제는 규명되지 못한 채 그대로 남아 있다. 도쿄전력사고위 및 정부사고위는 사고의 발단은 '예상을 초월한(想定外)' '거대 쓰나미'라고 밝히고 있으나 과연 '지진'에 의한 영향은 작았다고 말할 수 있을까(예로, 다나카〔田中, 2011〕 씨는 지진에 의한 피해가 막대했을 가능성을 지적했다)? 이러한 물리적·기술적 사고원인에 대한 규명과 사회적인 사고원인에 대한 규명이 진척되지 않는 한 어떠한 기준으로 원자력발전소의 안전성을 평가할 것인지, 원전사고에 대한 재해대응을 어떻게 책정할 것인지에 대한 논의는 불가능하다.

각계의 사고조사위원회의 조사에도 불구하고 아직 후쿠시마 원전사고에 대한 원인규명은 매우 불충분한 상태이다. 다음으로는 이 책의 테마인 원자력발전의 안전규제라고 하는 관점에서《아사히신문》이 지적한 첫 번째 문제, 즉 도쿄전력 시미즈 사장(당시)의 '전원 철수' 발언 문제와 관련하여 더 상세히 다루고자 한다.

2 도쿄전력 '전원 철수' 발언 문제와 향후의 원자력안전규제

2011년 3월 14일부터 3월 15일에 걸쳐 도쿄전력의 시미즈 마사타카 사장(당시)이 데라사카 노부아키寺坂信昭 원자력안전·보안원장(당시), 가이에다 반리 경제산업장관(당시), 에다노 유키오枝野幸男 관방장관(당시) 등에게 전화를 걸어 "2호기가 폭발할 가능성이 높아 매우 위험한 상황이며 향후 사태가 더욱 악화될 것으로 예측되므로 후쿠시마 제1원전의 직원들을 제2원전으로 피난시키고 싶다"고 타진하였는가에 대한 문제다. 도쿄전력은 제1원전에서 철수할 것을 타진한 사실이 있었는가 없었는가?

도쿄전력사고위의 중간보고서·별책에 의하면 "당사가 관저에 보고한 취지는 플랜트가 심각한 상황에 처해 있기 때문에 작업에 직접적인 관계가 없는 사원들을 일시적으로 피난시키는 것에 대하여, 언젠가는 필요한 것이기 때문에 검토하고 싶다는 뜻으로, 전원 철수에 대해서는 생각한 적도 보고한 적도 없다"고 주장하였다.

정부사고위의 중간보고서에서는 시미즈 사장이 3월 15일 새벽, 데라사카 원자력안전·보안원장 등에게 전화를 걸어 "2호기가 위험한 상황에 처해 있기 때문에 피난할 가능성도 있다"고 통지하였으며, 이때 시미즈 사장은 당연한 전제로 생각하여 "플랜트 제어에 필요한 인원은 남긴다"라고 말하지는 않았다고 밝히고 있다. 이에 수상 관저에서는 "시미즈 사장으로부터 2호기의 심각한 상황을 고려하여 후쿠시마 제1원전에서 전원 철수하고 싶다는 보고전화가 있었다"라는 인식하에, 15일 새벽 긴급하게 대응을 협의했다고 한다. 그러나 정부사고위는 중간보고서에서 시미즈 사장의 불충분한 설명으로 인한 관저 측의 오해로 '전원 철수'라고 하는 발언은 없었다고 밝혔다. 국회사고위 역시 "도쿄전력이 전원 철수를 결정한 흔

적은 찾을 수 없었다"(《논점정리》, 2012년 6월 9일)며, 충분한 근거는 밝히지 않고 '전원 철수' 발언은 없었다고 설명했다.

한편, 민간사고위의 최종보고서는 '전원 철수' 발언이 있었을 가능성이 높다고 밝혔다. 그 근거로서 3월 14일 심야부터 3월 15일에 걸쳐 도쿄전력의 시미즈 사장이 가이에다 반리 경제산업장관, 에다노 유키오 관방장관 등에게 전화를 건 사실과 증언을 들고 있다. 가이에다 장관의 증언 및 에다노 장관의 증언에 의하면 시미즈 사장이 "후쿠시마 제1원전의 직원들을 제2원전으로 피난시키고 싶다"고 가이에다 경제산업장관 및 에다노 관방장관에게 전화로 타진하였고, 가이에다 경제산업장관은 "원전을 제어할 수 없게 되므로 안 된다"고 강력하게 거부하였으며, 에다노 관방장관도 "받아들일 수 없다"고 대답하자 시미즈 사장은 "현장은 도저히 이 이상 버틸 수 없습니다"라며 끈질기게 맞섰다고 한다. 이러한 일련의 증언으로 보아 도쿄전력사고위 및 정부사고위가 밝힌 것과 같은 "필요한 인원을 남기고", "작업에 직접적인 관련이 없는 사원들을 일시적으로 피난시키는 것에 대하여, 언젠가는 필요한 것이기 때문에 검토하고 싶다"고 하는 "주장을 증명해 줄 충분한 근거가 있다고는 말하기 어렵다"고 민간사고위의 최종보고서는 지적하고 있다.

이와 같이 도쿄전력의 전원 철수 문제와 관련하여, 도쿄전력사고위는 그러한 발언은 없었다고 하고, 정부사고위 및 국회사고위는 시미즈 사장의 설명이 부족한 점은 있었지만 전원 철수라고 하는 발언까지는 없었다고 주장하고 있다. 그러나 민간사고위에서는 전원 철수라고 이해할 수도 있는 발언을 도쿄전력 측에서 했다고 하는 입장이다. 어느 쪽이 진실일까?

'전원 철수' 발언 문제는 단순히 '말했다', '말하지 않았다'라는 차원의 문제가 아니다. 도쿄전력의 톱 매니지먼트top management 및 사고관리(accident management, AM)[4]의 근간에 관련된 문제이다. 만약 '전원 철수' 발언이 사실이라면 향후의 원전사고의 AM에 대한 근본적인 수정이 필요하다. 현재 원자력재해특별조치법은 어디까지나 사업자인 전력회사에 의한 사고수습을 기본으로 하고 있으나 원전사고를 전적으로 사업자에게 일임하기에는 한계가 있다는 것이 된다. 또한 민간사업자에게 원자력발전을 맡기는 것에 대한 타당성에도 커다란 의문부호가 찍히게 될 것이다.

《아사히신문》을 비롯한 매스컴은 반은 흥미 위주로 '전원 철수' 발언 문제를 보도하고 있지만 이 문제는 향후 일본의 원자력발전소사고대책을 준비하는 데 매우 중요한 문제이다. 만약 원자력재해대책본부 등의 의사록이 당시에 작성되어 있었다면 시미즈 사장의 '전원 철수' 발언이 사실인지 아닌지 쉽게 확인할 수 있었을 것이다. 그러나 지금은 녹음 및 당시의 메모 등 결정적인 증거가 나오지 않는 한 이 문제에 대한 판결은 나지 않을 것이다.

의사록 등 정확한 기록을 남기지 않는다, 공개하지 않는다는 방침은, 러일전쟁 후의 일본 육해군의 나쁜 습관이다(半藤 2011, 제

4 〔옮긴이〕 예상 밖(想定外)의 사태 및 사고가 발생했을 때 피해를 최소화하기 위해 미리 작성해 둔 대응책이나 안전대책을 의미한다. 예를 들어, 원자력발전소에서 어떤 이유로 사고가 발생·확대되어 당초의 설계에서 생각한(想定) 범위를 넘었을 때도 현장의 운전원이 유연하게 대처하는 행동을 'Accident Management'라고 할 수 있다.

2장 참조). 기록을 남기지 않기 때문에 정확한 사실인정을 위한 노력을 하지 않게 되고, 사실을 과학적으로 분석·조사하는 사회적 능력도 향상되지 않는다. 객관적인 분석과 기록이 없기 때문에 성공해도, 실패해도, 왜 성공하였는지, 왜 실패하였는지 등 미래를 위한 교훈도 명백히 밝힐 수 없다. 또 객관적인 사실인정이 이루어지지 않기 때문에 실패해도 아무도 책임을 지지 않는다.

"체르노빌에 버금가는 인류사상 최악의 재앙을 초래한 후쿠시마 제1원전사고와 관련하여 소관 관청인 경제산업성의 어느 누구 하나 책임지는 사람이 없었다. 원자력안전·보안원을 분리하여 환경성으로 이관하는 방침이 결정되었을 뿐 책임지는 이는 한 사람도 없었다. 모두가 순조로이 출세를 하고 꽤 높은 퇴직금을 받고 당연하다는 듯 낙하산 임명을 받는다"(大鹿 2012, p. 347)는 것이다. 경제학자들이 경제주체의 모럴 헤저드(사회적 윤리관의 결여)에 대하여 많은 지적을 하지만 이번 경우와 같은 대규모의 사회적인 '도덕적 황폐'는 제2차 세계대전에서 패전을 이끈 일본 육해군 이래 처음일 것이다. 결과적으로 무책임체제가 성립되고 무능한 '리더'가 재생산된다. 이처럼 심각한 사회적 재앙도 없을 것이다.

3 후쿠시마 원전사고와 설명책임

후쿠시마 원전사고에 대한 국민들이 느끼는 최대 불만(frustration)의 근원은 사고 당사자인 도쿄전력과 정부에 의한 설명책임의 결여라는 데 있다. 여기에 일본 매스미디어의 '무기력함'도 한몫하여 도대체 후쿠시마 제1원전에서 무슨 일이 발생한 것인지, 사고에 의해 어느 정도의 피해가 발생한 것인지, 누가 책임을 지고 사고에 대응하고 있는지 도통 알 수가 없었다. 많은 국민의 재산과 안전이 위협받는 사태에 대하여 무엇이 어떻게 되고 있는지 모르는 상태만큼 고통스러운 것도 없다. 현재도 기본적인 상황은 변하지 않았다. 국민의 재산권 침해는 후쿠시마 피난민들에게만 해당하는 것은 아니다. 후쿠시마 원전사고로 인한 손해배상과 전기요금 인상 등의 영향은 국민 전체에 미친다. 대기·토양·해양(지하수)으로 방출된 방사능에 의한 건강위험은 후쿠시마와 동일본지역의 사람들뿐만 아니라 식물연쇄작용을 통하여 국민 전체에 미치게 된다.

후쿠시마 원전사고에 대해서는 정보공개가 충분하지 않았을 뿐만 아니라 정부와 도쿄전력에 의한 명백한 정보은폐와 정보조작이 드러나고 있다. 많은 서적들이 정보문제를 다루고 있는데 그중 히즈미 가즈오日隅一雄·기노 류이치木野龍逸(2012)의 《검증 후쿠시마 원전사고·기자회견―도쿄전력·정부는 무엇을 숨기고 있는가》(이와나미서점), 및 《아사히신문》에 연재된 이후 출간된 아사히신문 특별보도부(2012)의 《프로메타우스의 덫―밝혀지지 않은 후쿠시마 원전사고의 진실》[5](가켄學研) 등이 뛰어나다. 또 앞에서 소개한 《AERA》 기자였던 오시카 야스아키大鹿靖明가 정리한 《도큐먼트 후

5 〔옮긴이〕 일본 《아사히신문》이 동일본 대지진을 취재하며 분석한 자료와 진상을 밝힌 르포('일본 원전 폭발 비극의 진상을 밝힌다―아사히신문이 전하는 동일본대지진')로 《일본 원전폭발―비극의 진상을 밝힌다》라는 제목으로 한국어 전자책으로 출간되었다.

쿠시마 제1원전사고—멜트다운》(고단샤講談社, 2012)도 경제산업성과 도쿄전력 내부의 의사결정 프로세스를 밝힌 훌륭한 보고라고 할 수 있다.

히즈미·기노는 2011년 3월의 사고 이후, 거의 8개월 동안 정부·도쿄전력의 후쿠시마 원전사고와 관련한 모든 기자회견에 출석하여 《검증 후쿠시마 원전사고·기자회견—도쿄전력·정부는 무엇을 숨기고 있는가》를 출간하였다. 또 《아사히신문》에 게재되어 커다란 반향을 불러일으키고 있는 《프로메테우스의 덫》은 독자적인 관점에서 관계자들과의 세심한 인터뷰와 사실을 통해 어떤 일이 일어난 것인지, 누가 무엇을 했는지를 밝히고 있다. 《AERA》 기자였던 오시카 야스하루의 《도큐먼트 후쿠시마 제1원전사고—멜트다운》은 2011년 3월부터 9개월 동안 125명의 사고 관계자와 접촉하고 수상 관저, 경제산업성, 도쿄전력 등의 사고대응 및 사고처리를 위한 프로세스를 밝히고 있다.

이 3권의 책은 다른 매스미디어가 단편적으로밖에 논하지 못하였던 정부·도쿄전력의 정보은폐와 정보조작, 나아가 명백한 허위정보의 발표를 고발하고 있다. 새삼스레 놀라지 않을 수 없는 정부·도쿄전력의 실태이며 정부와 도쿄전력의 발표는 악명 높은 '대본영大本營발표'[6]와 무엇 하나 다르지 않다는 점에 아연실색하게 된다. 도대체 우리는 전후 70년간 무엇을 해온 것일까?

다음에서는 주로 히즈미·기노(2012), 아사히신문 특별보도부

6 〔옮긴이〕 태평양전쟁 당시 일본의 대본영(육해군 최고통수부)이 전시상황 등과 관련하여 공식적으로 발표하는 내용.

(2012) 및 오시카(2012)의 정리를 통하여 후쿠시마 원전사고에서의 원자력안전·보안원과 원자력안전위원회의 역할을 검증하고자 한다.

4 ERSS에 의한 멜트다운 예측정보

첫 번째는 멜트다운[7]이라고 하는 사고 발생 후의 원자로 상태파악에 대한 것이다. 도쿄전력은 사고발생 2개월 후인 2011년 5월 12일 처음으로 1호기의 멜트다운을 인정하고 같은 날 원자력안전·보안원도 1호기의 멜트다운을 추가 인정하였다(표 2 참조). 도쿄전력은 5월 23일에 2호기, 3호기의 멜트다운에 대해서도 공식 인정하고 원자력안전·보안원은 6월 6일에 1, 2, 3호기의 멜트다운을 발표하였다. 사고가 발생했을 때 가능한 한 사고의 상태를 정확히 파악하고 이에 관련된 정보를 공개하는 것이 사고대응에 대한 국민의 신뢰를 형성하는 데 매우 중요하다는 것은 논할 필요도 없을 것이다. 그러한 점에서 규제기관인 원자력·보안원이 도쿄전력이 공표한 다음에서야 멜트다운을 인정했다는 것은 규제기관으로서의 기술적 능력이 충분하지 못했다는 증거가 아니겠느냐는 비판이 나오고

7 〔옮긴이〕 멜트다운(meltdown)이란 원자력발전에서 원자로가 담긴 압력용기 안의 온도가 급격히 올라가면서 중심부인 핵연료봉(노심부)이 녹아내리는 것. 냉각장치가 정지되어 내부의 열이 비정상적으로 상승하여 연료인 우라늄을 용해함으로써 원자로의 노심부가 녹아버리는 현상으로 노심용융(core melt, 爐心鎔融)이라 불리기도 한다.

표 2 후쿠시마 원전사고 대응(2011년 3월 17일부터 7월 21일까지)

3월 17일	자위대 헬리콥터 3호기에 해수투하, 방수차로 방수
3월 18일	경제산업성 원자력안전·보안원 사고평가레벨을 '레벨5'로 평가
3월 23일	도쿄도 가나마치(金町)정수장에서 유아기준치 2배의 방사성 요소 검출
4월 4일	저수준 방사성오염수 해양방출
4월 5일	기타이바라기(北茨城) 시 앞바다 채취 까나리에서 방사성물질
4월 12일	경제산업성 원자력안전·보안원 사고평가레벨을 '레벨7'로 변경
4월 17일	도쿄전력, 사고수습을 위한 공정표 발표
4월 22일	계획적 피난구역·지정
5월 3일	SPEEDI 정보공개
5월 6일	간 수상, 하마오카(浜岡) 원전 운전정지 요청(5/9 중부전력수용)
5월 10일	반경 20km 권내 경계구역 일시 귀가 개시
5월 12일	도쿄전력 '1호기 멜트다운 인정'
5월 13일	정부 '원전 배상 범위' 결정
5월 17일	정부·도쿄전력 '사고수습을 위한 공정표' 발표
5월 21일~ 5월 26일	'3/12 해수주입 55분간 중단?' 도쿄전력 발표, 정부 발표. 그 후 요시다(吉田) 소장이 물을 계속 주입했음이 밝혀짐
5월 23일	도쿄전력 후쿠시마 원전사고보고서 '2, 3호기 멜트다운도 인정'
5월 24일	후쿠시마 원전사고조사위원회(하타무라畑村 위원장) 설치, 도쿄전력경영재무조사위원회(시모코베下河邊 위원장) 설치
6월 1일	IAEA(국제원자력기관) 사고조사보고서안
6월 3일	경제산업성 원자력안전·보안원 '3/12 아침, 원전부지 밖에서 방사성 테루모 검출' 공표
6월 7일	일본 정부, 후쿠시마 원전사고보고서를 IAEA에 제출
6월 13일	일본에너지연구소(경제산업성) 시산(試算) 발표 '모든 원전 정지에 따른 표준가정의 전기요금 18%(2012년)에서 최대 35%(2020년) 상승'
6월 22일	정부 '에너지·환경회의' 첫 모임 (에너지 기본방침 재검토)
6월 24일	부흥기본법 공포·시행
6월 25일	부흥구상회의(이오기베〔五百旗頭〕 의장) '부흥을 위한 제언'
6월 27일	원자력안전위원회·마다라메(班目) 위원장 '사고는 인재', '회피할 수 있었다' (니케이〔日經〕 인터뷰)
7월 2일	규슈(九州)전력·겐카이(玄海)원전 '조작 메일(6/26 TV 설명프로그램에서) 사건 발각
7월 11일	원전안전성평가(스트레스 테스트) 정부통일견해
7월 13일	간 수상 '탈원전 의존' 표명
7월 15일	다카기(高木) 문부과학장관 '몬주(고속증식로 Fast breeder reactor) 정지도 검토' (나중에 철회·수정)
7월 19일	정부·도쿄전력 '사고수습을 위한 공정표·스텝2' 발표
7월 21일	정부 '부흥 기본방침' 골자 결정

출처: 각종 자료 참고 필자 작성

있다.

원자력·보안원은 원자로의 상태와 방사성물질의 방출량 등 중대사고(severe accident)의 진전상황을 해석하는 'ERSS(Emergency Response Support System, 긴급상황에서의 대책지원 시스템, 운용은 경제산업성 외곽의 원자력안전기반기구〔JNES〕에 위탁)'를 보유하고 있다. ERSS는 국가의 〈방재기본계획〉 제2장 '재해대응대책'에서 '국가(경제산업성)는 특정사실 및 현상에 대한 통보를 받았을 경우, 즉시 ERSS를 기동시키고 원자로시설의 상태를 파악함과 동시에 원자력사업자 등으로부터 받은 예상방출량 등의 정보를 바탕으로 그 후의 상태변화에 대하여 예측한다'고 규정하고 있다.

ERSS는 1986년의 체르노빌 원전사고 이후 개발되었다. 관련 전문가 등으로 구성된 사고검토위원회는 "긴급상황에서 국가의 판단을 지원하기 위하여 발전소에서 발생한 사건을 파악·평가하는 긴급상황 대책지원시스템을 정비할 필요가 있다"고 지적하였다. 이에 1987년도부터 통상산업성(당시)의 위탁을 받아 원자력공학시험센터(당시)가 미국 EPRI가 개발한 중대사고(severe accident)의 해석코드인 MAAP코드를 베이스로 한 ERSS의 개발을 시작하였다. 1996년부터는 각 전기사업자들과의 네트워크 시스템을 완성시키고 플랜트의 데이터전송이 정체되지 않고 운용되고 있는지 정기적으로 테스트함과 동시에 시스템을 종합적으로 테스트함으로써 운용 면에서의 경험을 축적하고 필요한 운용성 향상을 위한 개선을 추진해 왔다. 2007년 7월, 니이가타新潟현 주에쓰中越 앞바다에서 지진이 발생하였을 때, 원자력안전·보안원이 플랜트의 상태를 즉

시 확인하지 못했던 경험에 입각하여 긴급 시 플랜트 데이터를 전송하는 방식에서 모든 원자력발전소 등에 상시 전송하는 방식으로 변경하고, 2009년 4월부터 이러한 운용을 개시하였다(원자력안전기반기구 JNES 홈페이지).

ERSS는 아래와 같은 4가지 기능을 갖추고 중대사고(severe accident)에 대한 대응대책을 지원한다(松浦 2012).

① 원자로 사고발생 시에 사업자로부터 사고·재해 정보를 수신한다.
② 수신 정보를 통해 사고상황을 파악하고 시뮬레이션으로 사고의 진전을 신속히 예측한다.
③ 결과를 소정 관계기관에 통보하고 재해대응대책을 지원한다.
④ SPEEDI에 방사능 방출정보를 제공한다(SPEEDI는 이 정보를 이용하여 사고발생 시 방사능확산경위의 사전평가를 예측하여 피난유도를 지원한다).

원자력안전·보안원은 사고가 발생한 2011년 3월 11일 저녁 무렵 이 ERSS를 이용하여, 2호기의 노심용융이 3월 12일 0시 50분에 발생할 것으로 예측, 이 예측결과를 3월 11일 22시 30분에 당시 간 수상에게 보고하였다(현재까지 밝혀진 바로는 2호기의 멜트다운은 3월 14일에 발생하였으며, 최초로 멜트다운을 일으킨 것은 1호기로 3월 11일 심야에 발생한 것으로 추정하고 있다). 이와 같은 사실을 통해 본다면 다소의 차이는 있지만 ERSS는 사고의 진전상황을 예측하였으며 원자력안전·보안원은 사고의 추이를 예측할 기술적 능력을 갖추고 있었던 것이다.

그러나 그 후, 원자력안전·보안원은 ERSS에 대하여 후쿠시마 원전의 전원 상실로 데이터측정이 불가능해졌기 때문에 사고 직후 ERSS를 사용할 수 없게 되었다고 해명하고, ERSS의 예측 사실을 은폐하였다. 2011년 8월 말, 잡지 《AERA》의 기자 등이 예측 사실을 추궁하자 원자력안전·보안원은 2011년 9월 2일, ERSS의 예측 사실을 공표하였다.

즉 원자력안전·보안원은 ERSS를 이용하여 사고 직후 멜트다운을 예측하였으며 사고 상태 및 추이를 예측·파악할 기술적 능력은 어느 정도 갖추고 있었다고 판단된다. 물론 현재도 ERSS에 대해서는 "실제로는 사고 현장이 쓰나미로 모든 전원이 상실되어 원자로 계측제어계, 정보수집계, 정보전달계 등 모든 기능이 마비되어 전혀 도움이 되지 못하였다"(松浦 2012, p. 25)는 주장도 있다. 하지만 앞서 말한 바와 같이 히즈미 가즈오·기노 류이치(2012) 및 아사히신문 특별보도부(2012) 등의 정보를 종합해 보면 마쓰우라 쇼지로松浦祥次郎의 이와 같은 주장은 원자력안전·보안원의 사고 당초의 설명과 똑같은 이야기로 신뢰할 수 있는 주장이라고 할 수 없다.

마쓰우라의 주장은 일본학술회의의 월보 《학술 동향》 2012년 4월호에 개진되었으며 아직도 이러한 사실과 다른 이야기가 원자력 전문가들 사이에서 버젓이 통하고 있다는 현실에 놀랄 수밖에 없으며 이러한 주장을 월보에 게재하는 일본학술회의에 대한 의문 또한 커지고 있다.

다시 본론으로 돌아와서, 안전규제기관으로서의 문제점은 왜 이렇듯 정보를 은폐하고 거짓을 말하였는가에 있다. 여기에는 멜트다운을 인정하지 않으려고 하는 정치적 의도가 강하게 작용했을 가능성이 크다. 그러나 원자력안전·보안원의 내부 혹은 경제산업성이라고 하는 관료조직 내부의 정치적 의사였는지 또는 수상 관저 등 정치가의 의향이었는지는 알 수 없다.

5 SPEEDI에 의한 방사능 확산 예측정보

두 번째로는 ERSS와 연동한 SPEEDI(System for Prediction of Environmental Emergency Dose Information, 긴급상황 시의 신속한 방사능 영향예측 네트워크)를 이용한 방사능 영향예측을 은폐했다는 점이다.[8] SPEEDI는 1979년에 발생한 스리마일 아일랜드 원전사고를

8 기본적으로 SPEEDI 정보가 피난구역의 설정에 유효했는지 어떤지에 대해서는 여전히 의견이 분분하다. 예를 들어 잡지《AERA》2012년 4월 2일호에서는 "SPEEDI는 결함제품이었다"는 기사를 게재하였다. 이 기사에 의하면 사고원전의 모든 전원의 상실로 인해 방사성물질의 방출상황을 확인할 수 없었던 탓에, 단위방출량과 기상조건뿐인 설정으로는, 계속해서 바람의 방향이 변화하고 바람이 불어오는 방향 역시 일정하지 않으므로 피난구역설정에는 도움이 되지 않았으며 SPEEDI의 활용은 오히려 위험할 수도 있었다고 주장하였다(p. 30). 그러나 문부과학성은 실측 모니터링을 위한 차량을 후쿠시마 원전 북서방향에 투입하기도 하였으며 이러한 실측 데이터와 SPEEDI 정보의 조합은 충분히 가능하였다. 또한 후쿠시마 원전사고에 대한 독일 등 해외의 방사능오염예측에서 사고 후 빠른 단계부터 북서방면의 오염도가 높다고 하는 예측도를 공개하였다. SPEEDI는 어디까지나 기술시스템이며 이를 제대로 사용하는 사회적 능력을 일본 정부와 규제기관이 갖추지 못하였던 것이 문제였던 것이다.

계기로 일본원자력연구소(현재의 일본원자력연구개발기구)에 의해 연구개발이 추진되어 1985년부터 운용이 개시되었다.

SPEEDI는 국가의 〈방재기본계획〉의 제11편 '원자력재해대책편'에서 다음과 같이 규정하고 있다. 우선 제1장 '재해예방'에 "국가(문부과학성)는 방사능영향을 신속히 예측하는 SPEEDI 네트워크 시스템을 평상시부터 적절히 정비, 유지함과 동시에 대책거점시설에 대한 접속 등 필요한 기능이 충실히 수행될 수 있도록 힘쓴다. 또 운전·평가 요원들에 대한 비상소집체제의 정비를 도모한다"고 되어 있다. 또한 제2장 '재해응급대책'에서 "국가(문부과학성)는 특정 사건 발생에 대한 통보를 받았을 경우, 즉시 SPEEDI 네트워크를 긴급모드로 전환, 방사능영향예측 등을 실시하고 안전규제 담당부서 및 관련 도도부현都道府縣[9]으로 전송함과 동시에 관련 부서의 신속한 응급대책 실시를 위해 예측결과를 관련 부서에 전달한다"고 규정하였다.

SPEEDI 시스템을 관리하는 것은 문부과학성으로 운용은 외곽의 원자력안전기술센터가 맡고 있으며 예측결과는 원자력안전·보안원, 원자력안전위원회, 문부과학성, 원전과 관련된 도도부현의 행정기관에서 단말기를 통하여 쉽게 받아 볼 수 있다고 한다. SPEEDI의 계산 영역은 원자로를 중심으로 100km권(2km 망〔mesh〕) 및 25km권(500m 망〔mesh〕) 범위이다.

문부과학성 및 원자력안전·보안원은 사고 직후부터 SPEEDI를

9 〔옮긴이〕 일본의 행정구역 체제.

통해 수천 번의 확산예측을 실시해 왔다. 긴급 시의 운용순서는 원자력안전위원회의 〈환경방사선 모니터링 지침〉(2008)에 의해 정해져 있다. 〈지침〉에 의해 긴급 시에 방출원정보를 얻기 어려울 경우에는 1시간당 1베크렐의 방사성 물질이 방출되었다고 가정하는 '단위방출량', 혹은 미리 설정된 값에 의해 확산을 예측하도록 규정되어 있다. 실제로 이러한 예측은 사고 직후부터 실시되었다.

문부과학성은 SPEEDI에 의거, 원전의 북서방향을 오염도가 심한 지역으로 예측하고, 실제로 이 지역에 실측을 위한 모니터링용 차량을 보냈다. 그 결과 2011년 3월 15일에는 20km 권외에 위치하고 있어 피난대상지역이 아니었던 나미에마치(浪江町 赤宇木) 지역이 100시간 만에 30밀리시버트에 달하는 매우 높은 방사능 오염지역이라는 것을 파악하게 되었다. 일부 주민은 NHK취재반 등의 모니터링을 통해 오염도가 높다는 것을 알게 되어 '자발적 피난(自主避難)'을 실시하기도 하였는데, 정부가 정식으로 이 지역을 계획적 피난지역으로 지정하고 피난 지시를 내린 것은 2011년 4월 11일이었다.

정부가 SPEEDI의 정보개시를 발표한 것은 2011년 4월 25일이었으며 실제로 공개된 것은 4월 26일 새벽이었다. 왜 사고 주변지역 주민에게 가장 중요한 사고에 대한 영향예측이라고 하는 정보가 피난 지시라고 하는 중대한 정책결정으로 이어지지 못하였는가? 왜 원자력안전위원회의 〈지침〉과 문부과학성의 '방재업무계획'에 의해 미리 규정되어 있던 절차가 실행되지 않았는가? 호소노細野 보좌관(당시)은 "배출 근원지에서 실측값이 나오지 않았기 때문에 예측에 도움이 되지 못하였다"(4월 25일), "패닉상태에 빠지게 될 것을 염려하였다"(5월 2일)고 발언하였으며, 에다노 관방장관도 "SPEEDI는 방출된 방사성물질의 양을 전제로 한 시스템이기 때문에 방출량을 파악하지 못할 때에는 도움이 되지 않는다는 보고를 받았다"(5월 20일)고 말했다.

이번과 같은 대형 사고의 경우, 모니터링 기기 및 통신기기 등이 지진·쓰나미에 의해 파괴되어 방출량 모니터링 데이터를 얻을 수 없는 사태가 발생할 수 있다는 가능성에 대해서는 미리 알고 있었을 것이며, 이 때문에 '지침'이 정해져 있었다. 그럼에도 불구하고 "방출 근원지의 정량파악이 어려워 SPEEDI로는 예측할 수 없다"(3월 23일)고 하는 말도 안 되는 발언을 하고 있는 것이다. 아무래도 대부분의 정부 및 행정 관계자들이 긴급상황에서의 SPEEDI 사용방법을 이해하지 못하고 있었던 것 같다. 긴급 상황에서의 신속한 예측을 위한 SPEEDI가 그야말로 '예상된(상정된)' 사태였던 방출 근원지의 계측불능이라고 하는 긴급상황에서 활용되지 못하고 주민들은 심각한 오염지역에 방치되었다. 도대체 무엇을 위해 180억 엔 가까운 거액의 예산을 들여 SPEEDI를 개발한 것일까?

나중에, 미군은 SPEEDI 정보의 가치에 대하여 잘 알고 있었으며 2011년 3월 14일 이후 문부과학성·외무성을 경유하여 요코타橫田기지의 재일 미군사령부로 SPEEDI 정보가 발송되었다는 사실도 밝혀졌다. 재일 미군은 원전사고지원에 필요하다고 판단, 외무성 북미국 일미안전보장과로 2011년 3월 14일 아침 9시가 지난 시각에 정보제공을 의뢰하는 전화를 걸었다. 외무성은 경제산업성과 문부과학성에 문의하였고 최종적으로 문부과학성 방재환경대책실에 SPEEDI 정보가 있다는 것을 알게 되었다. 같은 날 10시 40분에는 문부과학성 외곽기관으로 SPEEDI를 운용하고 있는 원자력안전기술센터에서 외무성 북미국 일미안전보장과로 SPEEDI 예측도의 파일을 첨부한 메일을 발송, 바로 외무성에서 재일 미군사령부로 전송되었다. 한심한 일본 정부의 대응과 달리 매우 신속한 외무성과 미군의 대응이었다.

6 예측 가능했던 거대 쓰나미

세 번째는 사고의 주요 원인이라고 생각되는 쓰나미의 예측정보이다. 시미즈 사장(당시) 등 도쿄전력의 경영진은 후쿠시마 제1원전을 덮칠 수 있는 쓰나미의 높이를 최대 5.7m로 예측하고 있었으며 이는 원자력안전·보안원도 인정하고 있어 10m를 넘는 쓰나미는 전혀 '예상 밖'(想定外)이었다고 사고 직후부터 기회가 있을 때마다 발언하고 있다.

하지만 그 후, 이미 1990년에는 산업기술종합연구소(이하, 산종연)의 연구그룹이 869년의 조간지진貞觀地震에 의한 쓰나미 조사를 통해 후쿠시마 제1원전의 입지지역에서 10m를 넘는 쓰나미가 발생했었던 사실을 증명하였다는 사실이 밝혀졌다. 또한 산종연의 활단층·지진연구센터의 오카무라岡村 센터장은 2009년 6월의 경제산업성·종합자원에너지조사회에서 이와 같은 조사결과를 소개하였으며 이에 따른 대책에 대한 필요성을 지적하였음이 밝혀졌다.

도쿄전력 이외의 이러한 연구자들뿐만 아니라 사실은 도쿄전력의 전문가팀 역시 2006년 6월 마이애미에서 개최된 원자력공학 국제회의에서 향후 50년 이내에 10m의 쓰나미가 후쿠시마현 연안에 밀려올 가능성이 약 1% 정도 있다는 발표를 했었다는 사실이 밝혀졌다. 뿐만 아니라, 원자력안전·보안원도 2009년 9월에 도쿄전력으로부터 6m를 넘어선 쓰나미의 가능성에 대하여 구두로 설명을 들었으며, 이번 대지진 직전인 2011년 3월 7일에는 10m를 넘는 쓰나미에 대한 계산 결과가 있다고 하는 설명도 도쿄전력으로부터 전달받았다는 사실이 밝혀졌다.

이와 같은 사실들을 통하여 알 수 있는 점은, 도쿄전력 이외의 연구자들뿐만 아니라 도쿄전력 자신들도 10m를 넘는 쓰나미를 예측하고 있었기에 쓰나미는 '예상 밖(想定外)'이 아니었다는 것이다. 뿐만 아니라 안전규제기관의 가장 심각한 문제는 원자력안전·보안원이 적어도 2009년 9월에는 조간지진 모델을 통한 시험계산에 대하여 도쿄전력으로부터 설명을 들었음에도 불구하고 사고 후에 도쿄전력이 '예상 밖'이라는 답변을 반복하고 있는 것에 대하여 조금도 적극적으로 이 사실을 공표하지 않았다는 점이고, 또한 이번 대지진이 발생하기 전까지 1년 반이라는 기간 동안 안전에 관한 중대정보를 방치하고 있었다는 점이다.

7 후쿠시마 원전사고와 안전규제기관의 문제점

이상 ERSS(긴급상황 시의 대책지원시스템) 및 SPEEDI(긴급상황 시의 신속한 방사능 영향예측 네트워크) 사례를 통해, 원전사고의 추이 예측과 영향예측이라고 하는 점에서는 원자력안전·보안원 및 원자력안전위원회가 어느 정도의 기술적 능력을 보유하고 있었음을 알 수 있다. 그러나 문제는 이러한 기술시스템 및 정보를 정부의 정책 결정 프로세스에서 효과적이며 유효하게 이용하지 못하였다는 점이다.

《아사히신문》의 《프로메테우스의 덫》에는 왜 SPEEDI가 피난구역 결정 프로세스에 활용되지 못하였는지에 대한 흥미 깊은 경위가 기술되어 있다.

2011년 3월 11일 대지진 발생 후 약 4시간이 지난 19시 03분, 국가는 원자력재해특별조치법에 의거한 원자력긴급사태선언을 선포하고 수상 관저에 원자력재해본부를 설치, 본부장에 간 나오토 수상, 부본부장에 가이에다 반리 경제산업성장관, 사무국장에 데라사카 노부아키 원자력안전·보안원장을 포진시켰다. 동시에 원자력안전·보안원은 경제산업성 별관 3층에 긴급상황 대응센터(ERC)를 마련하고 다른 부서에서도 인원을 모집하였다.

원자력안전·보안원 ERC에서는 문부성 원자력안전기술센터에 의한 SPEEDI 예측뿐만 아니라 독자적인 SPEEDI 예측도 실시하기 위하여 3월 11일 밤에 원자력안전기술센터의 기술자를 ERC에 투입하였다. 그 결과 원자력안전·보안원 ERC는 같은 날 21시 12분에는 독자적인 SPEEDI 예측결과를 도출하여 3월 16일까지 45회 173장에 걸친 독자예측도를 만들었다. 이 원자력안전·보안원 ERC의 독자예측은 다양한 정보를 모아 방사성물질의 방출량을 계측한 것으로, 단위방출량에 의거한 문부과학성의 예측보다 정밀도가 높았다.

한편 수상 관저 지하의 오퍼레이션 룸(상황실)에 설치된 원자력재해대책본부에는 원자력안전·보안원에서 과장 보좌 이하의 직원들이 파견되었으며 ERC에서 SPEEDI 예측도를 전달받는 전용 단말기도 준비되었다. 그러나 관저의 오퍼레이션 룸의 전용 단말기에 ERC의 SPEEDI 예측도가 전달된 것은 처음 1회와 2회뿐이었다. 게다가 종이에 출력하여 내각 관방직원에게 건넨 것은 2회째 받은 예측도 3장 중 몇 장정도로(몇 장이었는지는 불분명), 건네진 후 어떻게 되었는지도 불분명하다.

사실은 원자력재해특별조치법에 의거한 〈원자력방재매뉴얼〉에서는 후쿠시마 원전에서 5km 떨어진 오프사이트센터Offsite Center에 설치된 현지 대책본부(본부장은 이케다池田 경제산업성 부장관)가 대책의 중심을 맡으며 SPEEDI를 사용하여 피난구역안을 작성하는 것도 현지 대책본부의 역할이었다(그림 1 참조). 그러나 현지 본부는 통신회선이 끊기고 요원도 충분히 모집되지 않아 피난구역을 검토할 수 있는 상황이 아니었다. 그렇다면 누가 피난구역을 검토해야 하는가?

아사히신문의 《프로메테우스의 덫》은 원자력안전·보안원과 수상 관저와의 사이에 중대한 오해가 발생했다고 주장하였다(아사히

그림 1 후쿠시마 원전사고 대응 체제

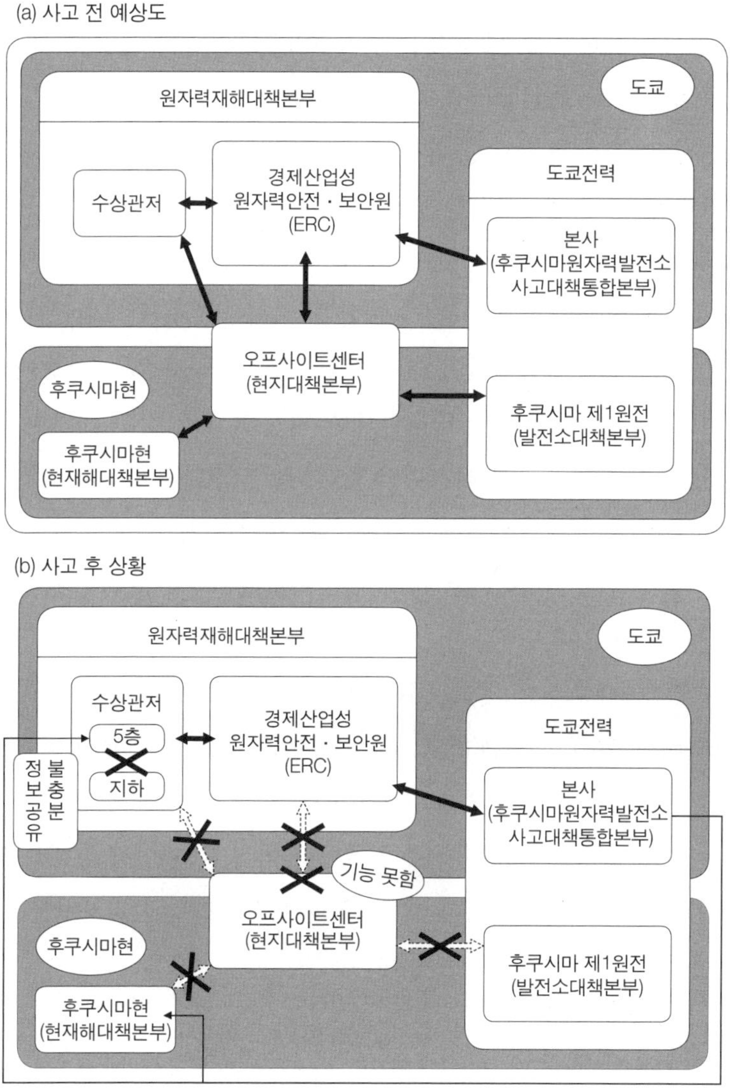

출처: 각종 자료 참고 필자 작성

신문 2012, p. 67). 즉 원자력안전·보안원은 자신들이 원자력재해대책본부의 사무국(사무국장은 데라사카 원자력안전·보안원장)이며 그 중심은 ERC이고 당연히 ERC가 SPEEDI 예측에 의거하여 피난구역안을 작성한다고 생각하고 있었다. 그러나 수상 관저 5층에 마련된 간 수상을 포함한 관저의 중추부는 현지가 제 기능을 하지 못한다면 자신들이 결정할 수밖에 없다고 판단, ERC의 작업 등에 대해서는 알지 못한 채, 3월 11일 21시 23분에 3km권에 대한 주민 피난, 10km권에 대한 건물 내 피난을 지시하였다. 원자력안전·보안원 ERC에서는 자신들이 피난구역안을 작성하고 있는 상황에서 관저의 중추부에서 피난구역에 대한 지시를 내린 것에 대하여 놀라 일순 장내가 혼란에 빠졌다고 한다. 결국 ERC는 자신들의 역할은 없어졌다고 판단, 피난구역안 작성을 중지했다.

피난구역의 결정이라고 하는 원자력안전규제와 관련된 중대한 정책결정 프로세스에는 몇 가지 중요한 포인트가 있다. 아사히신문《프로메테우스의 덫》은 수상 관저 중추부와 원자력안전·보안원 사이의 '중대한 오해'라고 표현하였는데, 현지 본부에서 피난구역 결정이 불가능한 경우라면 최종적으로 피난구역을 결정하는 것은 관저의 대책본부인 관저 중추부이며 이 같은 판단에 문제는 없었다.[10] 문제는 관저 중추부에 의한 피난구역 결정에 원자력안전·

10 현행 원자력재해대책특별조치법에 의거하는 한 이번 후쿠시마 원전사고에서 수상 관저 주도하에 사고대책 및 피난지역 지정이 이루어졌다는 점에 문제는 없다. 그러나 뒤에 기술한 바와 같이 국제원자력기구(IAEA)의 안전기준에 의하면 사고 당시에 규제기관의 실질적 독립성(effective independence)의 확보가 중요하다는 점과 사고대책의 일관성이라고 하는 관점에서 향후 원자력재해대책특별조치법의

보안원 ERC의 정보가 활용되지 못하였다는 점이다.

《프로메테우스의 덫》은 '관저 중추부는 ERC의 존재를 인식하지 못할 정도로 조급하고 혼란한 상태였다'(아사히신문 2012, p. 68)고 하였는데, 문제는 그러한 혼란한 상황에서도 미리 정해져 있는 절차 및 프로세스를 유연하게 활용하여 임기응변으로 대응하면서 필요·가능한 정보를 최대한 활용하여 가능한 한 절차에 맞는 프로세스를 진행·관리했어야 한다는 것이다. 생태관리生態管理에서 순응적 관리(Adaptive Management)라는 것이 강조되고 있는데 이번 사태와 같은 복합 거대위기상황에서는 더욱 중요하다(中越·渡邊 2006).

여기서 중요한 점은 관저 중추부의 정책결정 프로세스의 이해도와 운용능력이며, 사무국에서 관저 중추부로의 정보입수능력과 프로세스 관리능력, 중추부와 사무국의 상호 신뢰관계이다. 이 점에서는 간 수상과 데라사카 원자력안전·보안원장 사이에는 심각한 간극이 존재했던 것 같다. 원래 간 수상은 관료들을 싫어하기로 유명하였는데 그뿐만 아니라 《프로메테우스의 덫》에 의하면 3월 11일 저녁, 17시부터 18시 사이에 간 수상이 데라사카 원장에게 "당신이 기술쟁이(전문가)야?", "기술을 알고 있는 자를 불러"라고 했다고 한다. 참고로 데라사카 원장은 도쿄대학 경제학부 출신으로 전직은 경제산업성 상무유통심의관이다.

수상의 이 같은 발언 후, 데라사카 원장은 3월 11일 19시 03분

개정을 포함한 논의가 필요하다.

에 있었던 원자력긴급사태선언과 원자력재해대책본부 설치 당시에는 본부 사무국장으로서 관저에 있었으나 19시 45분 에다노 관방장관의 긴급사태선언에 따른 기자회견에 동석한 후 관저를 떠났다고 한다. 원자력재해대책본부는 '사무국장은 어디로 가 버린 건가?'(아사히신문 2012, p. 219)라고 하는 사태가 되었던 것이다. 이후, 관저에는 원자력안전·보안원에서 히라오카平岡 원자력안전·보안원 차장이 3월 11일 밤부터 자리를 지켰고, 3월 13일 낮부터는 히라오카 차장을 대신하여 야스이安井 원자력안전·보안원 고문(3월 13일 시점에서 야스이 고문은 자원에너지청 부장으로 원자력안전·보안원 직원은 아니었다)이 자리를 지켰다.

즉 원자력재해대책본부의 중추인 수상(본부장)과 사무국(원자력안전·보안원) 사이에는 대책본부설치 전부터 심각한 균열이 있었으며 사무국에서 중추부로의 필요 정보의 전달이 제대로 이루어지지 않고 있었음을 의미한다.

민간사고위(후쿠시마 원전사고 독립검증위원회)의 보고서에서 지적한 바와 같이 "관저의 초기대응이 쓸데없는 혼란과 스트레스를 초래하여 상황을 악화시켰다. 임시방편적이고 소 잃고 외양간 고치기 식의 위기관리"(마이니치신문, 2012년 2월 28일)라는 측면과 간 수상의 관저에서의 지휘와 관련하여 "톱 리더의 강한 자기주장은 일을 결단하고 실행하기 위한 효과라고 하는 정正의 측면과 관계자를 위축시키는 등 심리적 억제효과라고 하는 부負의 측면이 있다"(마이니치신문, 2012년 2월 28일)는 점은 부정할 수 없다. 그러나 동시에 원자력재해대책본부가 설치되고 불과 1시간 만에 사무국장이 본부에서 자취를 감춘다는 것은 정상적인 일이 아니다. 데라사카 원장은 관저에서 원자력재해대책본부 사무국장으로서의 직무를 완수하고, 원자력안전·보안원장으로서도 전문적인 정보를 정책결정 프로세스에 반영하는 데 전력을 다했어야 했다.

결과적으로는 원자력안전·보안원은 규제기관으로서 어느 정도의 기술적 능력은 갖추고 있었으나 그러한 기술적 능력을 활용할 수 있는 정치적 독립성과 사회적 능력이 현저히 결여되어 있었다. 또한 원자력안전위원회도 원자력안전·보안원 및 정부에 적확한 조언을 할 수 있는 능력이 결여되어 있었다. 일본의 원자력안전규제의 특징인 '더블 체크 체제'(城山 2010)는 중대사고가 발생한 상황에서는 전혀 기능을 발휘하지 못하였다.

규제기관의 독립성이라고 하는 점은 안전규제의 근간이다. 국제원자력기구(IAEA)의 안전기준에서는 사고발생 당시 규제기관의 실질적인 독립성(effectively independence) 확보가 중요하다고 강조하고 있으며(IAEA 2000), 다음 절에서 다루게 될 향후의 안전규제조직과 관련해서도 이 점은 가장 중요한 요점이 된다.

제 3 장

일본의 원자력안전규제의 전개와 향후 방향

1 제도론적 접근법을 통해 본 원자력안전규제제도의 개혁

이 장에서는 우선 일본 원자력산업에 대한 안전규제제도의 역사적·제도적인 전개를 고찰함으로써 원자력개발을 촉진하는 관청에 대한 의존체질과 복선적 규제라고 하는 경로의존성을 확인하고자 한다. 이러한 일본의 원자력안전규제의 제도적 문제점이 후쿠시마 원전사고를 일으켰다고도 할 수 있는데, 그렇다면 향후 원자력안전규제를 어떻게 논의해 나가야 할까?

정부는 2011년 8월 원자력안전규제에 관한 조직 등 개혁기본방침을 정하고, 12월에는 원자력사고방지 고문회의가 제언을 결정하였다. 이를 바탕으로 정부는 2012년 1월에 원자력조직제도개혁법안을 각의결정하고 원자력안전·보안원과 원자력안전위원회를 통합하여 환경성의 외부조직으로서 원자력규제청을 설치하는 법안을 제180회 국회에 제출하였다.

한편 야당인 자민당도 2011년 12월에 원자력규제조직과 관련된 프로젝트 팀을 설치하고 2012년 4월에 독자적인 '원자력규제조직개혁법안'을 마련하였다. 그 후 자민당은 공명당과 함께 정부·민주당의 환경성 산하 원자력규제청 설치에 대한 대안으로서 인사와 예산적인 면에서 독립성이 높은 '원자력규제위원회'를 설치하는 법안을 2012년 4월 21일 중의원에 제출하였다(니혼게이자이신문, 2012년 4월 21일).

소비세·연금제도개혁과 관련된 논의의 영향으로 원자력규제청 법안의 국회 심의상정이 지연되었기 때문에 당초 2012년 4월에 설치 예정이었던 원자력규제청은 해결되지 못한 채 방치되고 있었다. 후쿠시마 원전사고가 발생한 지 1년 이상의 시간이 흘렀지만 실질적으로 사고 이전과 어느 것 하나 바뀌지 않은 안전규제제도하에서 간사이전력関西電力과 오이大飯원자력발전소 등에 대한 안전심사가 실시된다고 하는 기묘한 상황이 이어지고 있다. 이는 원자력안전규제제도에 대한 국민들의 불신감을 증대시킬 뿐이다. 2012년 5월 29일이 되어서야 비로소 규제청 법안의 국회 심의가 시작되었으며 뒤에서 논하게 될 자민당·공명당 안을 바탕으로 한 타협이 진행되어 원자력규제위원회설치법으로 결정, 2012년 6월 15일에 중의원, 6월 20일에 참의원을 통과, 제정되었다.

이 장에서는 정부와 자민당·공명당 등의 원자력규제제도개혁안의 문제점을 검토하고 향후의 원자력안전규제의 바람직한 미래상에 대하여 논의하고자 한다. 규제제도를 어떻게 생각하는가는 사회대응형과학(regulatory science)[1]의 과제이며 제도개혁이라고 하는 면에서는 제도론의 과제이기도 하다. 최근의 사회과학에서는 경제학이건 정치학이건 사회학이건 간에 제도론적 접근이 가장 중요한 방법론이 되었다. 아래에서는 제도론적 측면에서 본 제도개혁이란 무엇인가에 대한 논의를 통하여 일본의 원자력안전규제제도의 개혁을 검토하기 위한 기본적인 관점과 방법론을 제시하고자 한다(松岡·勝間田 2012).

제도를 논의하고자 할 때, 제도란 무엇인가, 제도는 어떻게 형성되는가, 제도는 어떻게 전개되는가, 제도의 효과와 효율이란 무엇인가, 제도변화는 어떻게 시작되는가 등과 같은 일련의 의문들이 생겨난다. 제도에 관한 연구에는 다양한 종류가 있는데 이러한 의문에 대하여 정면으로 답하려고 하는 것이 신제도학파, 역사제도주의, 사회제도론이라고 불리는 것으로 이 장에서는 이러한 접근방식을 '제도론적 접근'이라고 총칭한다(Hall & Taylor 1966).

경제학에서의 제도론은 일반적으로 방법론적 개인주의 및 행위자 중심주의에 입각한 합리적 선택제도론이라고 불린다. 더글라스 노스Douglass Cecil North와 올리버 윌리엄슨Oliver Williamson으로 대표되는 신제도학파, 아오키 마사히코青木昌彦 등의 비교제도분석, 엘리노어 오스트롬Elinor Ostrom의 공유자원이론, 폴 밀그롬Paul

1 〔옮긴이〕 'regulatory science'는 '규제과학'으로 연구의 계획이나 기법을 사회와의 관계에서 수립하는 과학의 새로운 개념으로 '사회대응형과학(社會對應型科學)'이라고도 한다.

Milgrom 및 존 로버츠John Roberts의 비교조직론 등이 있다.

정치학에서의 제도론은 '역사적 제도론'이라 불린다. 사회적 문맥을 중시하는 로버트 퍼트남Robert David Putnam과 폴 피어슨Paul Pierson 등의 정치학과 역사학에서의 비교역사분석 등이 있다. 사회학에 있어서의 사회제도분석은 방법론적 전체주의에 입각한 사회학적 제도론이라 불린다.

또한 직접적으로 제도를 연구한 것은 아니지만 경제발전과 기술발전 시 경로의존성 및 잠금효과(Lock-in-effect)[2]를 수확체증법칙으로 전개한 브라이언 아서Brian Arthur 및 폴 데이비드Paul David와 같은 복잡형 경제학 및 진화경제학도 있다. 이 장에서는 이러한 경제학자들의 업적도 '넓은 의미에서의 제도론적 접근'으로 간주한다.

노스, 아오키, 오스트롬 등과 같은 경제학자들의 제도론은 사람들의 사회적 행동에 부과되는 패턴화된 제약으로서의 기능론으로 제도를 파악하는 방법론적 개인주의에 입각한 것이며, 개인이 사회적 행위를 원활하게 수행하기 위해서 제도가 생성·발전·소멸된다고 생각한다. 제도변화의 요인은 사회의 거래비용의 삭감과 같은 효율성이며, 약간의 지속성이라고 논하고 있다. 물론 역사적으로 형성되어 온 제도는 '제도의 묶음(set)'으로 형성되어 내구성·완강함이 특징이며 제도를 변화시키는 것은 쉽지 않다. 대부분의 경우, 제

2 〔옮긴이〕 예를 들어, 정보기술(IT)산업의 경우 생산자나 소비자가 하나의 기술, 혹은 서비스로부터 다른 기술, 혹은 서비스로 전환하는 데 상당한 전환비용(switching costs)이 소요된다. 이러한 전환비용으로 인해 새로운 서비스나 기술이 출현해도 현재 사용하는 기술과 서비스를 계속 사용할 수밖에 없는 고착된(잠긴) 상황하에서 발생하는 효과(현상)를 의미한다.

도변화의 과정은 경로의존성이 특징인 점진적인 프로세스이다.

이에 반하여 사회학자 스콧은 제도는 사람들의 사회적 행동에 의미·가치를 부여한 것으로 먼저 제도가 존재한다고 하는 의미에서 방법론적 전체주의에 입각한다. 이러한 관점에서 제도변화의 메커니즘은 사회의 집단적 행동에 의한 도태·진화의 프로세스로 표현된다. 방법론적 전체주의에 입각한 사회제도론 및 역사제도론의 경우 노스 등이 주장하는 제도론과 비교할 때, 제도변화의 프로세스는 사회발전 프로세스 그 자체로서의 성격을 강하게 띠고 있다.

어쨌든 제도는 사람들의 행동에 대한 '제약'이라고 하는 성격과 사람들의 행동에 대한 '가능성의 확대'로서의 제도라고 하는 '이중의 성격'을 가지고 있다는 것이 중요하다(磯谷 2004). 사회적 능력과 제도와의 관계에서는, 제도는 사회적 능력을 규정함과 동시에 사회적 능력의 형성·향상 등에 의하여 제도변화가 일어나게 되기에 사회적 능력과 제도는 상호 규정관계에 있다고 할 수 있다(Matsuoka 2007; 松岡 2008).

기존의 제도론은 제도가 가진 내구성과 관성을 강조하고 제도의 형성과 발전에 있어서 경로의존성이 강하며, 일단 제도의 고정화(Rock in)가 생기게 되면 그 제도가 불합리하고 비효율적이 되어도 좀처럼 변화되지 않는 측면을 강조해 왔다. 그러나 최근의 제도론에서는 제도변화와 제도발전에 주목하여 이러한 제도변화의 이론화에 관심이 쏠리고 있다.

마호니와 텔렌(Mahoney & Thelen)은 제도는 기존에 생각하고 있던 것 이상으로 변화되기 쉬우며 이러한 제도의 변화는 천천히, 점차적으로, 누계적으로 발생하고 있다고 주장하였다. 또한 그들은 제도변화를 고려할 때 크고 급격한 제도변화보다는 점진적인 제도변화와 내생적인 제도변화를 이해하는 것이 보다 중요하며 실제로 고정화로 이어지는 경로의존성을 가진 제도는 흔치 않은 경우로, 제도는 보통 천천히 진화한다고 주장하고 있다. 그렇다면 제도의 어떠한 성격이 제도변화를 허용하는 것일까?

어떤 제도가 형성됨으로써 특정 행위자들에 대한 정치적·경제적·사회적 자원의 배분配分과 다른 행위자들에 대한 이들 자원의 비배분非配分이 발생할 가능성이 있다. 이러한 행위자에 의한 제도설계의 의도와 실제로 제도가 기능했을 때의 결과는 다르게 나타나는 경우가 많아 실제 제도형성은 다양한 행위자들의 애매한 타협의 산물이다. 즉 제도에 의한 자원배분의 규칙과 운용은 모든 것이 사전에 명확하게 규정된 것이 아니라 실제로는 상당히 애매하며, 제도란 원래 역동적인 변동의 요소를 내포하고 있다.

제도변동의 중요한 요소는 행위자들 간의 힘의 균형(balance of power)이다. 이를 힘의 배분, 규칙 준수의 수준과 정도, 규칙의 해석과 실효성, 애매함, 규칙의 활동공간으로서 이론화하는 것이 중요하다. 특히 다양한 제도 간의 상호작용에 의해 어느 한 제도의 자원배분 메커니즘과 다른 제도의 자원배분 메커니즘 사이에 충돌(conflict)이 생겼을 경우는 행위자들 사이의 힘의 관계에 변화가 생긴다. 이러한 행위자들 간의 능력의 변화와 격차가 제도변화를 촉진시킨다고 할 수 있다.

이러한 제도변화의 유형과 관련하여 마호니와 텔렌은 아래와 같은 4가지 패턴을 유형화하였다.

1) 제도치환(displacement): 낡은 제도를 철폐하고 새로운 제도를 도입한다.
2) 제도중층화(layering): 낡은 제도 위에 새로운 제도를 겹쳐 도입한다(기타야마北山는 '제도병설'이라 부름).
3) 제도표류(drift): 환경의 변화에 따라 기존 제도의 영향과 효과가 변화된다(기타야마는 '제도방치'라 부름).
4) 제도전환(conversion): 기존 제도의 전략적 재정의再定義를 통해 새로운 역할을 부여한다.

해커(Hacker 2005)와 기타야마(2011)에 의하면 이러한 4가지 유형의 제도변화 메커니즘은 '정치과정에서 현상유지지향의 강약'과 '제도변화에 대한 저항의 강약'에 따라 패턴화된다(그림 2 참조).

정치에서의 현상유지지향이 약하고 제도변화에 대한 저항이 강한 경우에는 제도중층화 현상이 나타난다. 낡은 제도는 그대로 두고 새로운 제도를 덧씌움으로써 제도변화를 유발하는 것이다.

정치에서의 현상유지지향이 약하고 제도변화에 대한 저항이 약한 경우에는 제도치환 현상이 나타난다. 이는 전형적인 제도변화로 낡은 제도를 폐지하고 새로운 제도를 구축하는 경우이다.

정치에 있어서의 현상유지지향이 강하고 제도변화에 대한 저항도 강한 경우에는 제도변경이 어려워 제도표류현상이 나타난다. 제도표류의 경우에도 사회환경의 커다란 변화에 따라 기존 제도의

그림 2 제도변화의 4유형

정치에서의 현상유지지향 \ 제도 자체의 개혁에 대한 저항	강	약
강	**제도표류**(drift) 환경변화에 대응함으로써 기존[旣定] 정책의 실질전환 예): 기존 프로그램의 리스크대응력 감퇴	**제도전용**(conversion) 기존 정책의 전용 예): 공적 보조를 받은 사적연금급부의 재편
약	**제도중층화**(layering) 기존 정책을 포기하지 않은 채로 새 정책을 창설 예): 개인퇴직감정의 세제상 우대조치 창설 및 확대	**제도치환**(displacement) 예): 보호아동가정대상 보조프로그램의 폐기

출처: 기타야마(北山) 2011, p.54 그림을 수정

역할이 변화될 수 있으며 이러한 경우 실질적으로는 제도변화가 발생했다고 할 수 있다.

마지막으로 정치에서의 현상유지지향이 강하지만 제도변화에 대한 저항이 약한 경우에는 제도전환현상이 나타난다. 제도운용에서는 제도는 외형적으로는 유지되지만 재정의를 통하여 실질적인 제도변화가 가능하다.

이상과 같은 사회과학에서의 제도론적 접근을 참고로 하여 원자력안전규제제도와 제도개혁을 고찰한다면 아래와 같은 점이 초점이 될 것이다.

첫 번째로 일본의 원자력안전규제제도의 전개를 경로의존성이라고 하는 관점에서 분석하여 언제, 왜, 어떻게 후쿠시마 원전사고

가 발생하게 되는 규제제도가 성립되었는지를 고찰하는 것이 중요하다.

두 번째로 제도개혁의 유형을 어떻게 이해하는가에 대한 것이다. 민주당 정권의 규제개혁안은 〈그림 2〉의 '제도변화의 4유형'을 통해 볼 때, 현재의 원자력안전·보안원과 원자력안전위원회는 국민의 신뢰를 상실하였고 정부와 행정부 내에도 옹호세력이 존재하지 않을 것이다. 따라서 '제도 자체의 개혁에 대한 저항'은 매우 약할 것이고 반대로 민주당 정권의 현상유지지향은 매우 강할 것이다. 따라서 정부·민주당의 개혁안은 4유형 중 '제도전환'으로 나타날 가능성이 높다. 뒤에서 기술하는 바와 같이 경제산업성 산하의 원자력안전·보안원 등을 환경성으로 이전시키고 환경성 외부 산하기관으로서 원자력규제청을 창설한다는 것은 얼핏 보면 낡은 제도를 폐지하고 새로운 제도로 대치하는 '제도치환'처럼 보일 수 있으나 실제로는 그렇지 않다. 오히려 기존 제도의 전용이며 나쁘게 말하면 임기응변식의 대응으로 진정한 개혁이라고 말하기 어렵다.

이상과 같은 제도론을 통해 알 수 있는 점들을 염두에 두고 일본의 원자력개발과 그에 대한 안전규제의 제도적 전개의 특징을 고찰하여 향후의 규제제도개혁에 대하여 생각해 보고자 한다.

2 원자력개발의 출발점

무슨 일이든 시작이 중요하다고 하는데 원자력규제제도의 전개의 경우에서도 마찬가지이다. 우선 원자력규제의 전제가 되는 전후 일본의 원자력개발의 출발점을 살펴보자.

제2차 세계대전 후 일본의 원자력개발은 1953년 12월 UN총회에서의 아이젠하워 미국 대통령의 "평화를 위한 원자력(Atoms for Peace)" 연설을 통해 구체화되었다. 1954년에 들어서자 나카소네 야스히로中曽根康弘 중의원 의원 등이 보수 3당(자유당, 개진당, 일본자유당) 공동제안으로 '원자력의 평화이용' 추진을 결정, 1954년 3월 2일에 중의원예산위원회에 보정예산안을 제출하여 2억 3,500만 엔의 원자로 건축비 예산이 가결되었다. 이것이 전후 일본의 원자력개발의 출발점이다.

참고로 2억 3,500만 엔이라고 하는 예산액은 우라늄235와 연관된 숫자라고 하는 '도시전설'이 있다. 그러나 실제의 원자력예산에는 원자로 건축비 2억 3,500만 엔 외에도 우라늄 자원조사비 1,500만 엔, 원자력 관계자료 구입비 1,000만 엔이 포함되었다. 따라서 1954년 3월 2일에 가결된 원자력예산은 2억 6,000만 엔이었다(吉岡 2011, pp. 69-70).

이와 같은 갑작스런 원자력예산의 확보에 크게 놀란 것은 일본학술회의의 가야 세지茅誠司 회장과 후지오카 요시오藤岡由夫 제39위원회(학술회의 내의 원자력문제검토위원회) 위원장이었다고 한다. 1952년 4월의 샌프란시스코 강화조약의 발효로 일본의 원자력연구는 해금되었다. 당시의 일본학술회의는 원자력 연구개발을 국가사업으로서 추진해야 한다고 주장하는 집행부파와 군사이용을 우려하는 젊은 물리학자 그룹이 첨예하게 대립하고 있어 혼란스러운

상황이었다. 가야 회장과 후지오카 위원장은 집행부파의 주요 학자들로 "그들이 염두에 두고 있는 것은 어떻게 해서라도 자신들의 손으로 일본의 원자력연구를 위한 돌파구를 열고 싶다는 것으로 창시자로서의 명예였다. 그들이 원했던 것은 그뿐이지 결코 연구비라고 하는 물질적인 이익은 아니었다"(吉岡 2011, p. 73)고 한다.

어쨌든 깜짝 놀란 가야 일본학술회의 회장과 후지오카 위원장은 나카소네가 있는 개진당改進黨 본부로 찾아가 학술회의 내에서의 합의가 이루어지지 않았기 때문에 원자력 예산에는 반대한다는 의견을 전했다. 그러나 의원들은 이를 거절하였고 특히 나카소네는 "학자들이 멍청하게 굴어서 돈다발로 학자들의 뺨을 후려쳤다"(吉岡 2011, p. 70)고 말했다고 한다. 나중에 나카소네는 이러한 발언 사실을 부정했다고 하는데, 미국 원자력정책의 전환을 정확히 꿰뚫어 본 나카소네의 뛰어난 정치적 센스, 나아가 전후 처음으로 원자력예산을 보정예산화한 정치적 수완과 야심을 잘 알 수 있는 에피소드이다. 이러한 전후 일본 원자력 개발연구의 창시자로서의 명예는 청년 정치가 나카소네 야스히로에게 돌아갔다.

일본학술회의는 그 후, '원자력 연구 및 이용과 관련하여 공개, 민주, 자주라는 3가지 원칙을 요구하는 성명'을 채택하였다(제17회 총회, 1954년 4월 23일). 이른바 '원자력 평화이용 3원칙'의 탄생이다. 그 후 많은 원자력정책연구가 일본학술회의의 '원자력 3원칙' 정립을 역사적 위업으로 삼고, 이것이야말로 원자력정책이 갖추어야 할 올바른 모습이며 이를 짓밟아 온 것이 정·재계의 원자력개발정책이라고 하는 '3원칙사관'을 전개해 왔다.

그러나 요시오카도 그의 저서에서 말하였지만, '원자력 평화이용 3원칙'은 기본적으로 국립연구소에서의 원자력연구를 상정한 것으로 민간기업에 의한 원자력발전에는 적용할 수 없는 것이었다. 예를 들어 민간기업에 '공개'라는 원칙은 기업비밀보호의 원칙에 저촉된다. 일본학술회의의 '원자력의 평화이용 3원칙'은 현실적으로 원자력정책의 가이드라인으로서의 실효성과 유효성이 현저히 결여된 것이었다.

이러한 비현실적인 추상론인 '원자력 평화이용 3원칙'을 마치 현실에서의 원자력발전정책의 시비를 판정하는 시금석인 것처럼 논의해 온 일본의 학술계는 원자력연구개발의 출발점부터 '현실주의자'(realist)인 정치가들에게 패배하였던 것이다. 무의미한 원칙론은 원자력정책의 개선으로 이어질 수 있는 교훈을 제시할 수 없으며 현실의 원자력정책을 평가하는 방법론으로서 유효하지 못하다. 뿐만 아니라 유효한 검증기능이 결여된 무의미한 원칙론은 결과적으로 현실의 원자력정책을 그대로 방치하였으며 '원자력촌村'의 형성을 허용하여 결국 후쿠시마 원전사고로 이어진 것이라 생각된다.

동일본대지진과 후쿠시마 원전사고라고 하는 역사적 순간을 토대로 '모든 것을 새로운 방법으로, 창조적으로 다시 생각하는 공간'을 활용하고자 한다면 무의미한 원칙론을 되풀이해서는 안 된다. '모든 것을 새로운 방법으로, 창조적으로 다시 생각하는 공간'을 유지하고 확대하기 위해서도 현실의 원자력정책과 규제정책을 평가하여 다음 단계로 나아가기 위한 교훈을 제시할 수 있는 세심한 이론과 방법이 필요하다.

3 원자력안전규제의 역사적 전개

이상과 같이 시작된 일본의 원자력안전규제의 제도적 전개는 원자력개발의 추진·전개와 함께 이어져 왔다. 개략하여 아래와 같이 3기로 구분할 수 있다(吉岡 1999, 2011; 城山 2010).

① 제1기: 1957년부터 1977년

제1기는 요시오카가 일본의 원자력개발에서 '제도화와 시행착오의 시대'로부터 '이륙(take-off)의 시대'라 특징지은 1957년부터 1977년의 시기다. 1957년에 원자로규제법이 제정되었고 1978년에 개정되었다. 요시오카는 이 시기를 "일본의 원자력개발이용체제의 국내 체제로서의 구조적 특징에 대하여 '이원체제적 하위정부 모형'이라고 하는 키워드로 표현할 수 있다"(吉岡 1999, p. 20)고 하였다. 과학기술청 및 원자력위원회(위원장은 과학기술청장관)에 의한 연구개발체제와 통상산업성·전력회사에 의한 상업화 추진체제이다.

"원자력정책에서도 전력·통산성연합과 과학기술청그룹이라는 두 세력의 연합체로서, 하위정부가 운영되었으며", 그 "중심적인 역할을 담당한 것이 1956년 1월 1일에 발족한 원자력위원회였다"(吉岡 1999, p. 26). 원자력위원회는 과학기술청장관(국무대신)이 위원장으로, 여기서 내린 결정은 내각총리대신도 번복하지 못하는 것이었다.

규제행정이라는 점에서도 과학기술청이 거의 단독적인 규제행정청으로서 일원적인 안전규제를 실시하였다. 또 원자력위원회가 위원 임명에 중·참의원의 동의를 요하는 독립성이 높은 심의회로 설치되었다.

② 제2기: 1978년부터 1999년

1974년에 발생한 원자력선原子力船 무쓰호의 방사능 유출사고는 원자력행정 전체에 대한 불신감을 초래하여 1975년 2월에 내각총리대신 산하에 원자력행정간담회(좌장: 아리사와 히로미有澤廣巳 도쿄대학 명예교수, 통칭 '아리사와 행정간담회')가 설치되었고 이들의 답변서에 입각하여 1978년에 원자로규제법이 개정되었다. 이 1978년의 원자로규제법 개정부터 중앙부처 재편 전인 1999년까지가 제2기에 해당한다.

아리사와 행정간담회는 1976년에 답변서를 제출하였는데 이 가운데 원자력안전규제의 개혁·강화를 위하여 아래와 같은 3가지를 지적하였다.

첫 번째로 원자력위원회가 가지고 있던 안전규제기능을 분리하고 새로운 원자력안전위원회를 설치, 동 위원회가 행정청이 실시하는 안전심사를 '더블 체크'할 것. 두 번째는 행정청의 규제책임을 명확히 하기 위하여 실용발전용 원자로에 대해서는 통산성 장관, 실용선船용 원자로에 대해서는 운수 장관, 시험연구용 원자로 및 연구개발단계의 원자로에 대해서는 내각총리대신(과학기술청장관)이, 각각 일관하여 규제할 것. 세 번째는 원자력에 대한 국민들의 불안을 불식시키기 위하여 국가는 공청회 및 심포지엄을 개최할 것.

이러한 아리사와 행정간담회의 답변서에 의거하여 1978년 원자로규제법이 개정되어 상업용 발전원자로에 대해서는 통산성이, 연구용 원자로에 대해서는 과학기술청이 규제하는 형태로 행정청의 안전규제가 정리되었다. 같은 1978년에는 원자력위원회에서 분리·독립된 원자력안전위원회가 발족되어 행정청과 원자력안전위원회에 의한 안전규제라고 하는 '더블 체크 체제'가 실시되었다.

원자력안전위원회와 원자력위원회의 성격과 관련하여, 공정거래위원회처럼 행정권한을 지니며 정부로부터의 중립성을 확보한 행정위원회(국가행정조직법 3조기관)가 좋은지, 권고와 조언을 실시하는 8조기관이 타당한지에 대한 논의가 있었다. 원자력안전위원회에 대해서는 마지막까지 3조기관으로 규정해야 한다는 논의가 이어졌지만, 행정위원회화되면 명확하게 권한이 부여되는 반면, 권한 이외의 것은 일체 행사할 수 없게 된다. 또 권한규정을 아주 넓게 규정하지 않는 한 안전성에 관한 문제를 충분히 다룰 수 없게 될 우려가 있고, 권한을 넓게 규정하면 다른 부서(省庁)의 규제권한과 중복된다는 주장이 최종적으로는 승리하였다(城山 2010, p. 46). 그 결과, 원자력안전위원회는 8조 기관으로서 설치되었다.

③ 제3기: 2000년부터 2011년

1999년에는 도카이무라東海村 JCO 임계사고[3]가 발생했다. JCO 임

---

3 〔옮긴이〕 도카이무라 임계사고란, 1999년 9월 30일 일본 이바라키(茨城)현 도카이무라(東海村) 이시가미도주쿠 지역의 핵원료 가공회사 JCO 사에서 발생한 것으로, 대량의 방사능에 노출됐던 작업자 2명이 사망하고 주민 6천600명 이상이 방사능 피해를 입은 일본 원자력 사상 최악의 피폭사고.

계사고에 대한 정부 사고조사위원회는 ① 안전규제 당국의 진용 강화, ② 원자력안전위원회의 독립성 강화와 사무국의 근본적 강화와 폭넓은 전문가집단의 확보, ③ 심사 지침에 대한 종합적 정비와 다중보완적 안전규제체제의 효과적 운용, ④규제청 및 원자력안전위원회의 사고점검 강화 등을 지적하였다.

JCO 임계사고를 토대로 한 답변서에 의거하여 원자력안전위원회의 조직을 강화시키고 2001년 중앙부처의 재편에 의하여 원자력안전·보안원을 설치함으로써 후쿠시마 사고에 이르는 현재와 같은 원자력안전규제제도가 형성된 것이 제3기이다. 마찬가지로 JCO 임계사고 등을 계기로 2000년에는 원자력재해대책특별조치법이 재해대책기본법의 특별조치법으로 제정되었다.

원자력규제 행정 당국으로서는 경제산업성 자원에너지청 산하에 어느 정도의 '독립성'을 부여한 원자력안전·보안원이 설치되었다. 원자력안전·보안원은 후쿠시마 원전사고 전에는 약 800명의 직원(원자력규제 관련 약 300명, 그중 100명 정도는 오프사이트센터에 상주)과 616억 엔(원자력규제 관련 분은 불분명)의 예산이 배정되었다. 또 2003년에는 원자력안전·보안원을 지원하는 조직으로서 경제산업성 외곽단체인 원자력안전기반기구(JNES, Japan Nuclear Energy Safety Organization)가 직원 약 400명의 인원으로 설치되었으며 매년 200억 엔 정도의 운영 비교부금이 배분되었다(吉岡 2011b, p. 141).

원자력안전위원회는 2000년 4월, 과학기술청 원자력안전국에서 총리부로 이전되었고, 그 후 2001년 부서개편에서 내각부로 사무국 기능을 옮겨 진용이 강화되었다. 후쿠시마 사고 전의 원자력안전위원회의 직원은 71명, 기술참여는 31명, 1년 예산은 8억 4,100만 엔이었다.

해외 규제기관과 비교하면, 예를 들어 원자로 수가 약 2배인 미국은 원자력규제를 담당하는 독립행정위원회, 즉 미국 원자력규제위원회(NRC, Nuclear Regulation Commission)를 운영하고 있다. 직원 약 4,000명(2000년경에는 약 2,800명), 예산 약 10억 달러이다. NRC에 비하면 2001년의 부서개편 등을 통해 증강되었다고는 하나 일본의 원자력안전규제의 직원 수 등 양적 수준은 제한적이었다. 그러나 일본의 다른 분야에서의 사회적 규제(환경규제 및 의약품규제) 등과 비교하면 원자력안전규제기관은 형편이 좋은 편이라는 평가도 있다(城山 2003, p. 87).

4 일본 원자력안전규제의 제도적 특징

이상과 같이 일본의 원자력 안전규제제도의 역사적 전개를 제도론적 접근을 통해 고찰하면 몇 가지 제도적 특징을 알 수 있다.

최초로 규제제도가 형성된 제1기(1957~1977년)는 과학기술청이 거의 단독의 규제행정청으로서 일원적으로 안전규제를 실시하고 있었으나, 제2기(1978~1999년)가 되자 상업용 발전원자로는 통산성, 연구용 원자로는 과학기술청이라는 형태로 다원적 안전규제로 바뀌었다. 다시 제3기(2000~2011년)가 되면 통산성 산하의 원자력안전·보안원에 의한 일원적 규제제도가 되었다.

이와 같이 일본의 원자력 규제제도는 일원에서 다원, 다원에서 일원으로 변천되어 왔다. 그러나 이는 규제제도의 디자인이라는 측면에서 커다란 변화를 의미하지는 않는다. 기본적으로 일본의 원자력규제는 원자력개발제도와 일체가 되어 형성되었다는 점이 커다란 특징이다.

제1기 및 제2기의 과학기술청과 통산성은 양쪽 모두 원자력 개발관청이었다. 제1기에서는 원자력의 연구개발이 주요 과제였고 이를 담당한 것이 과학기술청이었으며, 이 때문에 규제의 많은 부분을 실질적으로 과학기술청이 맡게 되었던 것이다. 그러나 1970년 간사이전력의 미하마美浜원전, 1971년의 도쿄전력 후쿠시마 원전 가동으로 원전의 상업적 이용이 본격화되자 개발제도에서의 통산성의 역할이 커지게 되었고 제2기에서는 상업용은 통산성, 연구용은 과학기술청이 맡게 되는 이원적 규제체제가 된 것이다. 다시 제3기에서는 전력회사에 의한 원자력발전이 원자력이용의 주된 부분이 되면서 통산성(원자력안전·보안원)이 일원적인 규제관청이 되었다.

이와 같이 일본의 원자력규제제도는 일관하여 원자력개발제도에 의존하여 전개되어 왔으며, 제도론적으로는 개발제도가 '기간基幹제도'이고 규제제도는 '보완補完제도'였다. 규제제도는 개발제도에 기생하여 왔다고도 할 수 있으며, 어떤 의미에서 원자력 인재가 희소한 일본의 상황이 자립적인 규제제도의 형성을 막아 왔다고도 할 수 있다. 그러나 제3기에 중앙부처 재편이라는 북새통 속에서

과학기술청의 원자력규제부문을 경제산업성이 흡수하고, 경제산업성 자원에너지청 산하에 원자력안전·보안원을 설치한 것과 관련해서는 타당성이 현저히 결여되어 있었다고 보인다.

제3기에서는 일본의 원자력산업이 개발제도에서 독립된 규제제도가 가능한 수준에 이르렀음에도 불구하고 왜 경제산업성 산하에 규제제도를 설치한 것일까? 오시카 야스아키(大鹿靖明 2012)는 당시 상황을 아래와 같이 설명하고 있다.

하시모토 류타로橋本龍太郎 내각이 부서 개편을 단행하는 과정에서 과학기술청이 해체되고 문부성에 흡수되는 것으로 결정되었다. 통상산업성(경제산업성)은 영역을 확장할 수 있는 기회로 보고, 원자력행정의 효율화를 내세워 과학기술청의 원자력행정부문을 획득하고자 사전 공작에 큰 공을 들였다. 또 과학기술청 내부에서도 문부성과 하나가 될 바에야 통산성 쪽이 낫다고 하는 분위기였고 이에 편승해 결과적으로 경제산업성의 각본대로 되었다.

오시카의 이와 같은 설명이 틀린 것은 아니겠지만, 왜 이러한 통산성의 사전 공작이 성공하였는지에 대한 구조적 요인은 불투명하다.[4] 제2기의 원자력안전위원회 설치와 더불어 고조되었던 독립

4 참고로 사전 공작을 펼친 통산성 관료는 나중에 경제산업성 사무차관을 역임한 모치즈키 하루후미(望月晴文)이다. 모치즈키는 원자력안전·보안원이 설립되자 초대 차장으로 부임하였고 그 후 자원에너지청 장관, 사무직의 최고위직인 사무차관까지 올라갔다. 모치즈키가 사무차관을 역임할 당시에 책정된 것이 2030년을 목표로 원전 14기를 새로 증설한다고 하는 '에너지 기본계획'이다. 모치즈키는 2010년 7월에 경제산업성에서 퇴임하였지만 그 후에도 내각관방참여로서 원전수출 등 인프라수출의 견인차 역할을 맡았다. 2012년 6월 22일, 모치즈키가 히타치(日立)제작소 주주총회의 의결을 거쳐 원자로 메이커인 히타치제작소의 사

된 규제제도를 위한 논의가 왜 제3기 때는 고조되지 못하였던 것일까? 제3기의 규제행정 재편의 계기가 되었던 도카이무라 JCO 임계사고 조사위원회의 조사활동과 보고는 타당했던 것일까? 몇 가지 커다란 의문점이 남는다.

이상과 같이 일본의 원자력 규제제도가 개발제도에 의존하여 형성되고 전개되어 왔다고 하는 높은 경로의존성에 대하여 지적하였다. 또 하나의 커다란 특징은 제2기 1978년에 원자력위원회에서 분리·독립하여 발족한 원자력안전위원회와, 행정청과 원자력안전위원회에 의한 안전규제라고 하는 '더블 체크 체제'이다. 그러나 이 '더블 체크 체제'라는 것이 아주 수상쩍다. 앞서 말한 경제산업성 산하의 원자력안전·보안원의 설치도, 원자력안전위원회가 방패막이가 되었다고도 할 수 있다.

만약 원자력안전위원회가 없었다면 누가 봐도 명백한 개발관청으로의 규제기관 일원화는 커다란 정치적 쟁점이 되었을 것이다. 또 국민적 관심이 집중되었을 것이다. 그런데 원자력안전위원회가 내각부 산하에 있고 선전 문구로서 '더블 체크'가 부각되면서 둘 중 하나 정도는 개발관청 밑에 있어도 괜찮을 것 같은 생각이 들게 된다. 사실 원자력안전위원회는 권고 및 조언을 행사하는 8조기관

외이사에 취임한다고 보도되었다(아사히신문, 2012년 5월 26일자). 예전에는 '퇴관 후 2년간은 관련업계에 취직할 수 없다'고 하는 국가공무원법규정이 있었으나 2010년 민주당정권에 의한 공무원법 개정으로 이 규정이 없어졌다. 따라서 법적으로는 문제가 없으나 전력행정과 원자력정책을 관장해 온 모치즈키에게 '딱 맞는' 관련 업계인 히타치로의 낙하산이다. 이 나라의 리더라고 하는 사람들의 윤리관 결여에는 할 말을 잃게 되며, 이러한 낙하산인사에 대해서는 역시 법적 규제가 필요하다.

에 불과하다. 실제로는 경제산업성 자원에너지청 원자력안전·보안원에 의한 일원적 체제였던 것이다.

후쿠시마 원전사고에서의 원자력안전·보안원과 원자력안전위원회의 역할을 보면 명확히 알 수 있다. 부정확한 정보를 조직적으로 줄곧 흘린 것은 원자력안전·보안원이었으며 원자력안전위원회는 마다라메班目 위원장 개인의 특이한 퍼포먼스가 있었을 뿐, 어떠한 조직적 대응조차 하지 못하였다.

매스컴들도 정부의 '더블 체크 체제'라는 표현에 착각한 나머지 원자력안전위원회에 과대한 기대를 했고 마다라메 위원장에 대한 거친 비난을 쏟아냈다. 그러나 애초부터 원자력안전위원회는 원자력규제의 주역이 아니었으며 그러한 제도편성이 되어 있지도 않았다.

이상과 같이 일본의 원자력규제제도의 제도적 특징에 입각하여 생각한다면 향후 규제제도개혁을 위한 교훈으로서 다음 두 가지가 중요하다.

① 명실공히 개발제도에서 독립된 규제제도를 설계할 것
② 원자력안전위원회와 같은 애매하고 무책임한 '더블 체크 체제'는 설계하지 않을 것.

규제기관의 독립성은 무엇보다 중요하며 일반적으로 정치적 독립성과 기술적 독립성이 강조된다. 정치적 독립성이란 규제기관에 대한 정치적 개입의 배제를 의미하며, 기술적 독립성이란 규제실행

능력을 의미한다.

예를 들어 미국의 원자력규제위원회(NRC)는 대통령이 임명하는 위원들로 운영되며 원칙적으로 위원을 임기 도중에 해임할 수 없다. 또 NRC의 인력은 원자로를 보유하고 있는 해군 등에서 퇴역한 군인들을 채용함으로써 산업계와는 다른 높은 기술적 능력을 지닌 인력을 확보할 수 있다. 2006년에 설치된 프랑스의 원자력안전위원회(ASN)도 위원은 대통령과 의회가 임명하고 정부는 위원회에 명령할 수 없다. ASN의 기술 면에서는 핵무기를 보유한 군사부문과 민간부문에서 높은 능력을 가진 인력들을 채용한다. 인력채용이라는 면에서는 미국도 프랑스도 핵무기 보유국이므로 군사부문에서의 인력 채용이 가능하다.

한편 독일과 스위스 등은 환경성과 환경에너지성 산하에 원자력규제청을 설치하고 있으며 어느 정도의 독립성을 보장하고 있다. 독일과 스위스는 핵보유국이 아니기 때문에 일본과 비슷한 상황하에서 규제인력의 육성과 채용을 추진하고 있다.

당연히 각 국가들은 각 국가의 사회적 조건하에서 가장 효과적인 규제제도를 설계하기 위해 노력하고 있으나 다양한 제약과 경로의존성으로 인해 반드시 가장 효과적인 제도가 형성되어 있다고는 할 수 없다. 기술발전의 제도론적 분석으로서 유명한 사례로 키보드의 QWERTY 배열을 들 수 있다. QWERTY형 키보드는 기계식 타자기의 와이어가 얽히지 않도록 고안된 기술이다. 전자식 키보드에서는 당연히 와이어가 얽히는 일이 없으므로 QWERTY형 키보드일 필요가 없으며 사실 인체공학적으로 QWERTY형 키보드보다 빨리 타이핑할 수 있는 배열이 개발되고 있다. 그러나 인간 사회는 일단 익숙해진 QWERTY형 키보드를 고집하고 있으며 더 효율적인 키보드는 보급되지 않고 있다. 이것이 제도론에서 말하는 경로의존성이며 고정화(rock-in)라고 하는 현상이다. 고정화 현상이 생기게 되면 설령 제도가 비효율적이라 해도 이익집단과 기득권이 형성되어 좀처럼 제도개혁이 추진되지 않는다.

그러나 2011년의 3·11에 의해 '모든 것을 새로운 방법으로, 창조적으로 다시 생각하는 공간'이 생긴 일본은 기존의 제도의존에 연연하지 말고 '모든 것을 새로운 방법으로, 창조적으로 다시 생각하는' 기회를 살리는 지혜와 행동이 필요하다.

5 원자력안전규제가 나아가야 할 방향

후쿠시마 원전사고로 인해 일본의 원자력안전규제는 근본적인 개혁이 요구되고 있다. 이미 제2절에서 말한 바와 같이 효과적인 안전규제를 실시하기 위해서는 ① 규제기관의 사회적 능력과 독립성(기술적 독립성, 정치적 독립성, 재정적 독립성 등), ② 규제대상 사업자의 대응력, ③ 규제기관 및 규제대상 사업자의 설명책임과 철저한 정보공개를 통한 시민사회의 감시능력 강화 및 사회적 신뢰 구축이 반드시 필요하다.

민주당·정부가 당초 2012년도부터 실시하려고 했던 안전규제 제도개혁의 개요를 〈그림 3〉과 같이 나타냈다. 이것은 2011년 8월

그림 3 일본의 원자력안전규제의 개혁(2011년 8월)

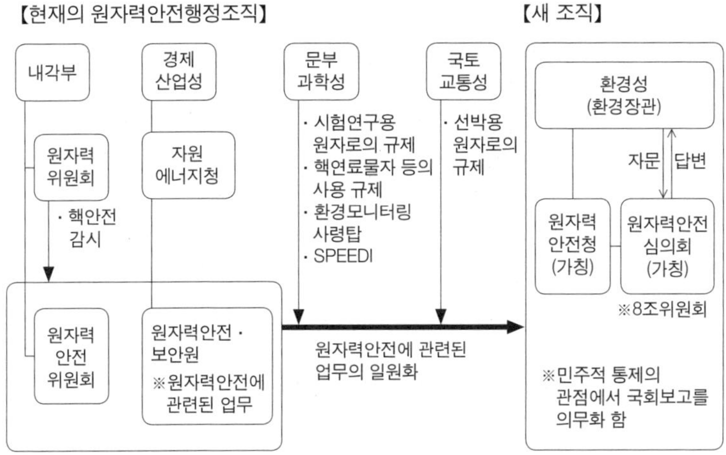

출처: 환경성(2011) 〈원자력안전청(가칭) 설치에 의한 원자력안전규제의 적확한 실시 등을 위한 소요 경비〉

15일 각의에서 결정한 '원자력안전규제 관련 조직 등 개혁 기본방침'을 토대로 환경성이 2011년 여름에 작성한 것이다. 그 후의 논의 과정에서 민주당·정부안은 원자력안전청이라는 명칭은 '원자력규제청'으로, 원자력안전심의회는 '원자력안전조사위원회(8조기관)'로 변경되었다.

이 제도개혁안의 주안점은 아래의 4가지로 요약된다. (1) 경제산업성이라고 하는 원자력개발을 추진하는 관청에 규제기관을 설치할 것이 아니라 환경규제를 시행하는 환경성의 외곽 산하기관으로서 원자력규제청을 설치, 독립성 확보와 철저한 안전규제를 도모한다. (2) 원자력규제청의 당초 인원은 약 480명으로, 원자력안전·

보안원에서 약 350명, 원자력안전위원회에서 약 70명, 문부과학성 원자력규제 및 모니터링 부문에서 약 45명 등이 파견될 예정이다. (3) 원자력규제청의 과장 이상 간부급 19명에 대한 인사는 경제산업성과 문부과학성으로 되돌아가지 않는 'No return rule'을 적용한다. (4) 원자력안전규제에 관한 폭넓은 조언과 권고를 실시하게 될 원자력안전조사위원회는 8조위원회로 설치한다.

이러한 민주당정권의 개혁안에 대하여 자민당과 공명당 등은 ① 환경성의 외곽 산하기관으로 규정하는 것만으로 규제기관으로서의 독립성을 지킬 수 있을지 의문이다, ② 특히 간부급 19명에게만 적용되는 'No return rule'로는 출신 부처로부터의 독립성 확보가 유지되기 어렵다, ③ 원자력규제청을 독립된 3조위원회인 원자력규제위원회로 설치해야 한다고 비판하였다.

2012년 4월 21일, 자민당과 공명당은 정부의 환경성 산하 원자력규제청 설치안에 대한 대안으로서 인사 및 예산에서 독립성이 높은 '원자력규제위원회'를 설치하는 법안을 중의원에 제출하였다(니혼게이자이신문 2012년 4월 21일). 자민당과 공명당의 이 법안에 의하면 환경성의 외곽 산하기관이지만 독립성이 강한 3조 위원회로서 원자력규제위원회를 설치하고 그 밑에 실무기관으로서 원자력규제청을 둔다는 내용이다. 또 인사권과 예산편성·예산요구에 대한 권한은 원자력규제위원회가 갖는다(그림 4 참조).

〈그림 3〉과 〈그림 4〉를 통해 알 수 있듯이 기본적으로는 민주당정권의 규제개혁안은 경제산업성에 있는 원자력안전·보안원과 내각부에 있는 원자력안전위원회를 환경성 산하로 이전한 것에 불과

그림 4 원자력규제제도에 대한 정부안과 자민당·공명당안 비교(2012년 4월)

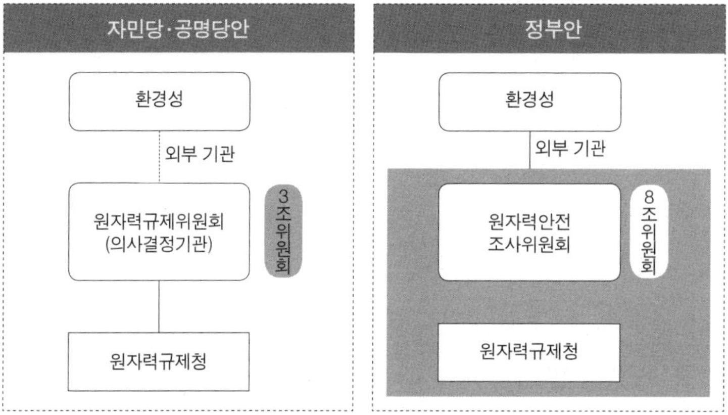

출처: 각종 자료 참고 필자 작성

하다고 볼 수 있다. 또 원자력안전업무의 일원화라고는 하지만 방사선 모니터링의 현장기능 등은 문부과학성에 남겨 둔다고 한다. 무엇보다도 문제는 직원이 경제산업성과 문부과학성에서 파견되는 형식으로 원자력규제청으로서의 인사권이 극히 한정되어 있다는 것이다.

독립된 규제기관이 되기 위해서는 정부와 다른 행정기관으로부터의 중립성 확보와 더불어 인사권 확립이 매우 중요하다. 이 점에서는 자민당·공명당이 제안한 바와 같이, 공정거래위원회와 같은 3조기관으로서 조직하고 채용·승급 인사 등도 규제기관이 행사할 수 있도록 규정해야 한다. 더불어 규제기관의 수장과 간부에 대해서도 정치적 독립성이 확보되어야 한다. 또 기존의 '더블 체크 체제'가 전혀 기능하지 못하였던 후쿠시마 원전사고에서 얻은 교훈을 토대로 고려할 때, 8조위원회로서 원자력안전조사위원회를 설치할 필요성과 유용성에 대해서도 의문이다.

이상과 같이 필자는 민주당·정부안인 원자력안전규제개혁은 문제점이 많으며 후쿠시마 원전사고의 교훈을 살린 제도개혁으로서는 충분치 못하다고 판단된다. 무엇보다도 아직 정부사고위의 최종보고서가 제출되지 않았으며(2012년 7월 23일 예정), 국회사고위의 보고서(국회사고위의 최종보고서는 2012년 7월 5일에 공표되었다)도 나오지 않은 단계에서는 원자력안전규제제도로서의 문제점과 교훈이 충분히 밝혀졌다고 할 수 없다. 이후, 소비세 증세 법안을 통과시키고자 하는 민주당정권은 원자력규제와 관련하여 자민당·공명당과의 타협을 시도했고, 결과적으로 3조위원회로서 원자력규제위원회를 설치하고 그 사무국으로서 원자력규제청을 둔다고 하는 원자력규제위원회설치법이 6월20일 제정되었다(그림 5 참조). 물론 원자력 발전을 하든 하지 않든 상관없이 원자로가 존재하고 핵연료가 있으며 방사성폐기물이 존재하는 이상, 원자력안전규제는 필요한 것이며 언제까지고 후쿠시마 원전사고 이전의 제도가 계속 유지되는 일은 막아야 한다.

새로운 원자력규제위원회는 2012년 8월 중에 설치될 예정이었는데, 그러나 여기서 생각해 보아야 할 것은 후쿠시마 원전사고 이전의 '안전규제제도의 결함'은 무엇이었는지, 그러한 제도상의 결함을 시정하는 규제제도는 어떻게 편성되어야 하는지에 대한 점이다. 또 점진적으로 서서히 제도를 바꾸어 나가는 방법도 있지만 개혁비용 및 제도의 혁신(이노베이션) 효과 등을 생각하면 제도개혁

그림 5 원자력규제위원회설치법에 의한 새로운 체제(2012년 9월 예정)

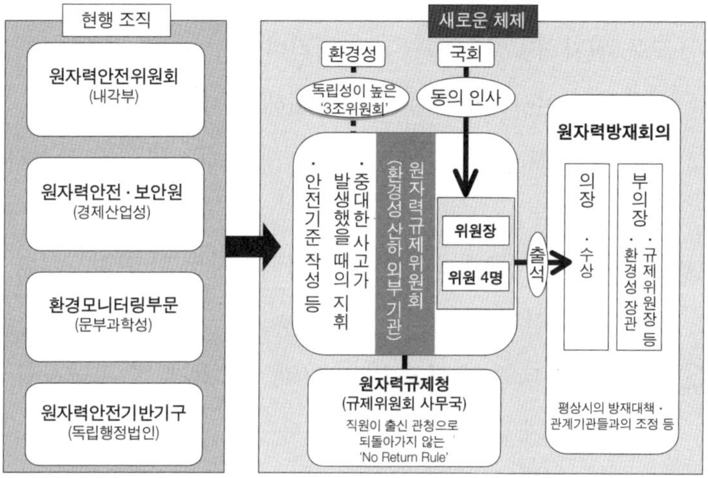

출처: 각종 자료 참고 필자 작성

은 한 번에 대담하게 하는 편이 낫다. 물론 일본 사회가 수용 가능한 제도가 아니라면 제 기능을 하지 못할 것이라는 것도 사실이지만, 제도의 실효성과 '실현가능성(feasibility)'을 일방적으로 지나치게 강조하는 것은 좋지 않다. 제도의 실효성과 '실현가능성' 자체가 사회적 학습에 의존하고 있기 때문이다.

더 중대한 문제는 머리말에서도 밝힌 바와 같이 후쿠시마 사고로 인한 원자력안전규제에 대한 사회적 신뢰의 결여라는 점이다. 국민의 신뢰를 잃어버린 제도는 기능하지 못하며 신뢰가 회복되지 않는 한 모든 개혁제도는 실패한다.

지금 중요한 것은 어떻게 원자력안전규제에 대한 사회적 신뢰를 회복시키는가에 대한 것이다. 이를 위한 기본 방침은 아래와 같다.

① 모든 원자력발전을 일단 정지시킨다
② 기존의 안전규제조직과 인원에 대해 철저히 재검토한다
③ 기존의 안전기준에 대한 철저한 재검토와 새로운 안전기준을 설정한다
④ 새로운 안전기준에 의거하여 원자력발전소 및 관련시설에 대한 철저한 안전심사를 재시행한다
⑤ 위 내용과 더불어 사고 발생 시의 대응체제 및 피난계획 등을 재평가, 재검토하고 재책정한다
⑥ 새로운 안전심사를 통해 부적합한 원전은 개량이 가능한 것은 개량정비를 실시하고 개량정비가 불가능한 것은 폐기시킨다

이러한 조직적 재검토와 안전심사의 재시행, 나아가 범국민적인 후쿠시마 사고 검증을 통해 비로소 원자력안전규제에 대한 사회적 신뢰도 회복될 수 있다. 사회적 신뢰가 회복된다면 대담한 안전규제의 제도개혁과 규제기관의 능력구축도 가능하게 될 것이다.

제 4 장

후쿠시마 원전사고와 일본 사회의 미래

1 동일본대지진과 후쿠시마 원전사고 발생 1년여가 지나고

일본 사회가 원자력발전을 계속하든 원전에 대한 의존을 중지하든, 현재 보유하고 있는 54기(후쿠시마 제1원전의 6기도 포함)의 상업발전용 원자로가 바로 없어지는 것은 아니며, 방사성폐기물이 없어지는 것도 아니다. 원자로의 폐기처분에는 수십 년의 세월과 거액의 비용이 필요하며 최종 단계(back-end)인 고농도 방사성폐기물 처분까지 고려하면 1만 년 혹은 10만 년이라는 엄청난 시간(time frame)이 필요하기에 일본 사회는 반영구적으로 원자력안전문제를 끌어안고 살아야 한다.

원전 추진이든, 원전 졸업이든, 탈원전이든 일단 원자력발전에 손을 댄 이상, 원자력안전규제로부터 도망칠 수는 없다. 여기서 중요한 것은 ① 규제기관의 역할과 자세, ② 규제를 받게 되는 사업자의 역할과 자세, ③ 시민사회에 의한 사회적 감시기능과 거버넌스의 역할과 자세라고 할 수 있다.

향후 일본의 원자력안전규제 역시 단순히 원자력규제위원회와 원자력규제청에 대한 논의만으로는 충분하지 않다. 규제를 받는 원자력사업자와 전력업계의 역할과 자세를 철저히 재검토할 필요가 있다.

일본의 원자력안전은 기본적으로 "법률에 의한 규제만을 통해 안전성을 확보하는 것이 아니라 오히려 원자력사업자에 대하여 '단순히 법령 준수에 그치지 않고 스스로의 노력에 의한 안전성의 유지·향상'을 요구함으로써 안전성을 확보해 왔다"(倉田 2009, p. 45)고 해석되었다. 이러한 의미에서는 법규제뿐만 아니라 사업자의 주체적인 노력에 의해 한 층 더 높은 안전성을 확보한다는 점에서 주체적 환경혁신을 추구하는 21세기형 규제를 이상형으로 삼아 왔다고도 할 수 있다. 이는 미국과 유럽 국가들의 원자력안전규제의 경우에서도 마찬가지이다.

그러나 일본의 실태는 후쿠시마 원전사고에 대한 도쿄전력의 대응을 통해 여실히 드러난 바와 같이 법이 정하는 최저한의 규제기준조차도 속이고 넘어가려는 자세였으며 민간사고위가 지적한 바와 같이 규제의 '갈라파고스화(Galapagos Syndrome)'였다.

이러한 안전성 및 환경혁신에 대한 의욕 결여는 일본 전력기업의 원전부분에서 두드러졌다.

'안전신화' 속에서 지금이 가장 안전한 이상, 안전성 향상 등은 고려해 볼 필요도 없다는 교만함이 생겨났다고도 할 수 있으며, 국책민영사업으로 규제관청인 경제산업성과 일체가 되어 사업이 진행되었기 때문에 많은 관료들이 퇴임 후 낙하산인사를 통해 내려왔다는 점에서도 긴장감이 결여되었을 것이다.

그러나 더욱 중요한 문제는 발송배전통합発送配電統合, 지역독점과 일본 고유의 총괄원가방식에 의해 경쟁이 결여되었다는 점이다. 그 결과 일본 사회는 불건전하고 '죽이기'에는 너무 큰 거대 독점기업을 만들어 냈으며 그 자금력과 조직력은 사회 전체에 독이 되고 있는 악순환이 시작된 것이다.

2 후쿠시마 원전사고의 교훈과 일본 사회의 변용

일본 사회는 동일본대지진과 후쿠시마 원전사고라고 하는 복합 거대 위기를 경험하고 1년 이상의 시간이 경과한 지금 역시 사고 처리에 고심하고 있다. 새로운 원자력안전규제와 전력개혁, 나아가 규제와 재해에 대한 사회적 능력을 강화시켜 나가는 것이야말로 후쿠시마 원전사고 피해지역 부흥을 위한 가장 중요한 첫 걸음이자 재난 피해자들에게 용기를 주는 일이며, 희생자의 추도가 될 것이라 생각한다.

여기서 다시 대지진 발생 후 1개월 반이 지난 시점에서 미국의 역사학자 존 다워가 한 말을 인용하고자 한다.

개인의 인생에서도 그렇지만 국가와 사회의 역사에서도 돌연한 사고와 재해를 통해 무엇이 중요한 것인지 깨닫게 되는 순간이 있습니다. 모든 것을 새로운 방법으로, 창조적인 방법으로 다시 생각할 수 있는 공간(space)이 생겨나는 것입니다. 관동대지진, 패전과 같은 역사적 순간은 이러한 공간을 확대시켰습니다. 그리고 지금, 그와 같은 일이 다시 벌어졌습니다. 그러나 우물쭈물하고 있는 동안에 공간은 닫혀 버리고 맙니다. 기득권을 지키기 위해서 공간을 왜곡하려고 하는 세력도 있을 것입니다. 결과가 어떻게 될지 알 수 없지만, 역사적 전환점이라는 사실을 똑똑히 기억하시기를 바라는 마음입니다. (아사히신문, 2011년 4월 29일)

우리 일본인은 어디까지 이 역사적 전환점을 역사적 전환점이 될 수 있도록 자각하고 노력하여 "모든 것을 새로운 방법으로, 창조적인 방법으로 다시 생각하는 것"에 힘써 왔을까?

《아사히신문》(2012년 5월 25일)은 핵연료 사이클 정책[1]에 대하여 논의하고 있는 내각부 원자력위원회의 소위원회(스즈키 다쓰지로鈴木達治郎, 위원장 대리)가 전력회사 등 정책 추진파에 유리하도록 선택안의 종합평가서를 고쳐 쓴 것이 밝혀졌다고 보도하였다. 이 보도에 의하면, 사용이 끝난 핵연료의 처리방법을 논의하는 원자력위원회의 소위원회는 전력회사 등 핵연료 사이클 추진파들과

1 〔옮긴이〕원자로를 중심으로 핵 원료 물질의 채광부터 시작하여 방사성폐기물의 처리·처분으로 끝나는 핵연료의 라이프사이클이라고 할 수 있는 일련의 단계를 핵연료 사이클이라고 하는데, 예를 들어, 원자력발전을 국가의 전략적 에너지산업으로 생각하는 경우, 핵연료 사이클에 대해 정책을 고찰할 필요가 있다. 이를 핵연료 사이클 정책이라 할 수 있다.

의 별도 비공개 스터디모임을 2011년 10월 이후 20회 이상 개최해 왔다고 한다. 이 밀실회의에서는 기존 노선인 핵연료 사이클 정책을 추진하는 전력회사가 만든 전기사업연합회와 아오모리青森현의 6개 마을에서 사용이 끝난 핵연료 재처리공장을 운영하는 일본원연日本原燃(주) 등의 간부 약 30명이 출석하여 스즈키 위원장 대리 및 원자력위원회 사무국과 함께 지하에 직접 연료를 묻는 '전량 직접처분' 등의 사안에 대하여 핵연료 사이클 정책이 유리하게 작용할 수 있도록 '담합'을 추진하였던 것이다.

이 보도 이후《아사히신문》(2012년 5월 25일)은 '반성 없는 원자력위원회의'라는 제목의 '사설'에서 "원자력촌(원자력 관계자들)은 3·11 사고 이후에도 아무런 반성도 하지 않고 있다. 분노와 함께 '역시나'라는 생각이 더해질 뿐이다"라며 "원자력위원회에 대한 신용을 뿌리째 흔드는 사태"라고 비난하고 "노다 수상과 호소노 원자력 담당장관은 사태를 심각하게 받아들여야 할 것이다. 조속한 사태 해명과 위원장 등의 퇴진을 포함하여 조직을 근본적으로 개혁해야 한다. 이러한 것부터 시정되지 않는 한 원자력정책을 논의해도 아무도 믿지 않을 것이다"라고 전했다.

정말 끝을 모르는 사람들이다. 이번 원자력위원회도 그렇고, 얼마 전에 있었던 규슈전력의 '조작 메일' 사건도 그렇고, 후쿠시마 원전사고 발생 후에도 원자력촌(원자력 관계자들)과 전력촌(전력 관계자들) 사람들은 전혀 반성하지 않는다. 제2차 세계대전 전의 일본 육군과 똑같다. 문제를 제거하기 위해서는 무장해제와 해체밖에는 방법이 없다.

2011년에 발생한 3·11은 많은 일본인에게 '무엇이 중요한가', '무엇이 소중한가'를 순간적으로 느끼게 했고 지금은 '할 수 없지', '귀찮으니까 조용히 있자'라며 미루기만 했던 일들이 얼마나 큰 실수와 재앙을 초래했는지를 깊고 큰 슬픔과 함께 깨닫게 해 주었다. 우리는 2011년의 3·11을 통해서 미래의 일본 사회와 일본인의 모습을 그려 볼 수 있게 되었다.

그렇기 때문에 한 번 더 호소하고 싶다. 2011년 3월 11일과 그 후 이어진 날들의 충격을 상기하여 각자가 경험했던 2011년 3월 11일과 그 후의 행동들, 생각들을 글로 남기자. 2011년 3월 11일에 일어난 일들을 우리가 살아갈 미래를 위한 교훈으로, 다음 세대에 물려줄 지혜로 삼기 위해서라도 우선 우리 자신의 2011년 3월 11일을 기록하여 남기는 것이 중요하다. 지금부터라도 늦지 않았다. 그 날들을 어떻게 지내왔는지, 지진과 원전사고로 인한 충격을 어떻게 받아들였는지, 무엇을 느끼고 무엇을 생각하게 되었는지를, 각자 개인의 기록으로써 남겨 놓을 것을, 대지진과 후쿠시마 원전사고를 같은 시대에 경험한 모든 일본 국민들에게 권하고 싶다.

대담

사회과학자와 원자력공학자의 시점에서 본 후쿠시마 원전사고와 앞으로의 대학의 역할

마쓰오카 슌지(松岡俊二)
와세다대학 대학원 아시아태평양연구과 교수
전공분야: 환경경제·정책학 및 국제환경협력론

모로오카 신이치(師岡愼一)
와세다대학 대학원 선진이공학연구과 공동원자력전공 특임교수
원자로공학 전문. 도시바에서 약 30년간 원자로 연구

2011년 3월 11일에 발생한 동일본대지진. 도쿄전력의 후쿠시마 제1원자력발전소 사고는 전 세계에 충격을 주었고 또한 구 소련의 체르노빌 원전사고와 함께 사상 최악의 사고가 되었다.

동일본대지진이 발생한 지 1년여의 시간이 경과한 지금, 후쿠시마 제1원자력발전소 사고와 그 이후에 대하여 와세다대학 동일본대지진 부흥연구거점 '인프라·방재계系 부흥연구프로젝트'에서 '복합 거대위기의 원인·영향·대책·부흥에 관한 연구'를 맡고 있는 아시아태평양연구과 마쓰오카 슌지 교수와 선진이공학연구과 공동원자력전공의 모로오카 신이치 특임교수의 이야기를 들어 보았다. 대담은 2012년 1월 13일, 와세다대학 19호관에서 이루어졌다. 사회는 (주)와세다종합연구早稲田総研 이니셔티브의 나가오카 치즈코長岡千津子 씨가 맡았다.

마쓰오카 슌지

● 후쿠시마 원전사고를 지금 어떻게 생각하고 있습니까?

마쓰오카 2011년 3월 11일에는 폐기물최종처리장의 가이드라인 작성을 지원하는 조사를 위해 스리랑카 내륙의 캔디라고 하는 세계문화유산이 있는 도시에 있었습니다. 현지의 프로젝트 상대 대학의 관계자들과 회의를 하고 있는 중이었는데 일본에서 큰 지진이 발생한 것 같다고 했습니다. 그 후 폐기물처리장 조사를 위해 인근에 있는 감폴라 마을로 이동하였고 마을 관청에 있는 텔레비전을 통해 BBC 방송에서 내보내는 센다이 평야(추정컨대)를 덮친 쓰나미 영상을 보게 되었습니다. 스리랑카의 시골에 있는 관청 텔레비전으로 본 영상은 리얼리티가 없어 보였고 SF영화를 보는 듯했습니다. 그만큼 조국에서 너무나 엄청난 일이 일어났구나라는 느낌이었습니다. 그 후의 BBC 방송은 거의 내내 일본의 쓰나미 피해에 대한 영상을 보여 주고 있었는데 후쿠시마 제1원자력발전소 1호기가 폭발한 다음 날부터는 뉴스의 대부분이 원전사고와 관련된 보도라 너무나 큰 충격을 받았습니다.

모로오카 저는 3월 11일 오전 중에는 학생들을 인솔하여 제조기업을 방문하여 원자력실습을 하고 있었고 지진이 발생했을 때는 대학으로 돌아온 후였습니다. 와세다 서쪽 캠퍼스 11층에 있을 때 지진으로 건물이 크게 흔들렸고 가까스로 아래층으로 내려왔습니다. 그때 생각난 것은, 전부터 생각하고 있었지만, 지진이 발생하면 도망치기에는 원자력발전소가 가장 안전하다는 것이었습니다. 그렇게 믿고 있었습니다.

마쓰오카 그건 내진설계가 잘 되어 있기 때문인가요?

모로오카 신이치

모로오카 그렇습니다. 실제로 도호쿠東北전력의 오나가와女川원자력발전소는 주변 주민들 중 많은 분들의 피난처가 되었습니다. 하지만 그 후에 후쿠시마 원전에서 쓰나미로 인해 사고 당시 비상용 냉각계가 모두 떠내려갔다는 이야기를 듣고 매우 놀랐습니다. 실제로 원자력발전소의 안전계에는 다중성이 있습니다. 예를 들어 비상용 디젤발전기가 복수계통이어서 스크램(원자로 긴급정지) 후에는 이 냉각계에서 평온하게 냉각되어 냉온 정지된다고 알고 있었습니다. 그러나 그 후 분명해진 것은 안전계에 다중성은 있으나 냉각계의 설치장소, 그리고 냉각방법의 다양성은 없었다는 것입니다.

● 원전사고의 원인과 배경은 무엇인가?

마쓰오카 후쿠시마 원전사고의 원인과 배경은 아직 규명되지 않은 부분이 많습니다. 멜트다운되었다는 원자로 내부의 실제 상황을 포함하여 이제부터 시간을 들여 과학적으로 확인해 나가야 합니다. 내진설계는 아주 튼튼하게 되어 있었다고 합니다만, 이번 지진이 매그니튜드(magnitude) 9.0의 대지진이었고 또 독특한 진동으로 흔들렸기 때문에 지진 자체가 원전에 미친 타격도 컸을 것이라는 논의도 있습니다. 실제로 전선용 철탑 등이 지진으로 쓰러져 외부전원이 상실된 것입니다. 그러나 역시 최종적으로는 디젤 발전기의 고장도 포함하여 쓰나미의 영향이 컸다고 생각됩니다만 모로오카 선생님은 어떻게 생각하십니까?

모로오카 그렇습니다. 원자로 내부와 관련해서는 아직 충분히 확인되지 않았기 때문에 잘 알 수 없습니다만, 역시 쓰나미의 영향이 컸다고 생각합니다. 왜 이러한 사고가 발생했는가? 역시 충분한 준비가 되어 있지 못했습니다. 이번에 닥친 쓰나미는 설계 당시 상정했던 것 이상의 거대 쓰나미였습니다. 그럼 왜 설계 조건이 그렇게 되어 있지 않았는가? 그것이 가장 큰 문제라고 생각합니다. 실제로 이 지역에서는 과거(869년)에 조간貞觀지진이 발생했었습니다. 조간지진은 3월 11일의 지진과 같은 매그니튜드 9.0 정도의 대규모 지진으로 이번과 비슷한 정도의 거대 쓰나미가 덮쳤습니다. 이러한 사실은 이미 경제산업성의 해당 위원회에서도 나온 이야기인데, 이러한 사실이 설계에 충분히 반영되지 않았던 것입니다.

마쓰오카 잘 이해할 수 없는 것은 일반적으로 일본의 원자력발전소는 지진과 활단층의 문제를 포함하여 매우 민감하게 나름대로의 대응을 해 왔다고 생각되는데, 그에 비하면 쓰나미에 대해서는 거기까지 생각하지 못했다는 것이네요. 일본의 원자력발전소는 모두 해안부에 위치하고 있기 때문에 지진과 쓰나미, 양면에 대하여 고려했어야 한다고 생각되는데요. 왜 쓰나미 대책이 허술했던 것일까요?

모로오카 쓰나미에 대한 대처가 근본적으로 미약했다고 생각합니다. 이번 후쿠시마 원전에 덮친 쓰나미의 높이가 15m였는데, 10m 정도의 쓰나미가 덮칠 가능성이 있다고 하는 보고서를 경제산업성 원자력안전·보안원에 제출했다는 보도도 있습니다.

마쓰오카 그만큼 높은 방파제를 만들려면 몇 백억 엔이라고 하는 추가 비용이 든다고 하는데 그래서 도쿄전력이 만들지 않았다고 하는 이야기가 있습니다.

모로오카 네. 경제적인 면도 분명히 있었다고 생각됩니다.

마쓰오카 다만 도쿄전력이 소위 말하는 완전한 민간 주식회사로서 후쿠시마 원전을 운영하고 있었는가는 의문입니다. 본래의 시장경쟁조건하에 있는 민간기업이라면 위험에 더 민감했을 것이라고 생각합니다. 국가가 규정하고 있는 안전기준과 환경기준을 지키기만 하면 되는 것이 아니라 자기 자산을 지키기 위해서 국가가 정한 수준 이상으로 높은 안전기준을 설정하는 것이 민간경영이며, 경제학자와 경영학자는 그렇게 보고 있습니다. 일본 특유의 총괄원가방식과 발송배전통합이라고 하는 수직통합형 지역독점을 유지하게 되면서 도쿄전력의 민간성이 한없이 낮아졌다고 생각합니다.

● 후쿠시마 원전 재해에 대한 앞으로의 대응은?

모로오카 과거에 있었던 비슷한 원전사고를 조사해 보면, 프랑스에서 폭풍우의 영향으로 하천의 물이 범람하여 원자로 냉각계가 멈춘 사고가 있었습니다. 또 수마트라 앞바다에서 발생한 지진에 의한 쓰나미 때문에 인도의 원자로 냉각계의 펌프가 정지되었다는 일도 있었습니다. 이와 같은 과거의 사례를 살펴보고 일본의 원전에도 적절히 반영시켰다면 이번과 같은 사고는 일어나지 않았을 것이라고 생각됩니다.

마쓰오카 지금까지도 국가의 안전심사 과정에서 고베神戸대학의 이시바시 교수 등 지진 학자들이 여러 차례 경고를 해왔지만 충분히 반영되지 않았습니다. 이러한 안전규제상의 구조적인 문제도 있습니다. 원자력안전·보안원과 원자력안전위원회의 안전심사에 근본적인 결함이 있었던 것이 아닐까요?

모로오카 분명히 현재의 원자력 인허가, 규제 등 구조적인 문제가 있다고 생각합니다. 원자력발전소 건설 신청은 전력회사가 국가에 신청합니다. 원자로 제조회사는 전력회사를 서포트합니다. 국가는 전력회사나 도시바, 히타치와 같은 원자로 제조회사 등 신청하는 쪽보다 더 높은 수준의 기술력을 가지고 있어야 합니다. 하지만 지금의 조직은 그렇지 못하다는 것이 현실입니다.

마쓰오카 그렇군요.

모로오카 이를 보완하기 위해 원자력안전·보안원과 원자력안전위원회는 대학교원 등의 전문가들에게 기술적인 서포트를 의뢰하고 있습니다. 다만 이러한 전문가들에게는 권한이 없습니다.

마쓰오카 예를 들면 원자력발전소의 기술적인 이해력에 있어서

혹은 운영에 관한 기술력에 있어서, 전력회사는 도시바 등 전문 제조사들보다 이해력과 기술력이 낮고, 가장 능력이 없는 곳이 원자력안전·보안원과 같은 규제관청이라는 지적을 많이 듣는데 정말인가요?

모로오카 원자로 제조회사는 물건을 만들어 납품하는 곳으로 그들의 제조능력은 뛰어납니다. 전력회사는 이를 운전합니다. 안전하게 운전하는 능력과 기술의 노하우는 제조회사들보다 전력회사가 뛰어납니다. 따라서 종합적으로 제조회사와 전력회사는 서로 보완하는 관계에 있습니다. 그러나 규제하는 쪽인 정부 부처는 그들보다 더 높은 수준의 경험과 기술을 가지고 있어야 한다고 저는 생각합니다만, 실제로는 그렇지 못합니다.

마쓰오카 원자력안전·보안원은 원자력 이외에 가스 등의 산업안전을 관할하고 있기 때문에 전체 직원 수는 800명 정도이며 이 중에서 원자력 안전규제와 관련된 직원은 330명 정도라고 합니다. 또 보안원을 지원하는 곳으로 직원 수 400명 정도의 독립행정법인 원자력안전기반기구(JNES)라고 하는 조직도 있습니다만, 이러한 보안원과 기구의 기술적 능력은 어떤가요?

모로오카 국회에서도 논의되었던 바와 같이 직원들 대부분이 제조회사와 전력회사의 OB들이기 때문에 기술력은 점점 높아지고 있습니다. 다만 역시 가장 많은 권한을 가지고 있는 것이 관청의 임원들입니다. 기술을 가진 기술자가 아무리 의견을 말해도 임원들이 들을 마음이 없다면 의미가 없습니다.

마쓰오카 그렇군요. 후쿠시마 원전사고와 관련하여 자주 듣는 이야기가, 원자력발전소의 기술은 원래 미국의 기술로, 거슬러 올라가면 원자폭탄과 수소폭탄을 포함한 핵무기 개발로 이어진다는 것입니다. 이러한 핵무기 개발의 노하우가 있기에 여전히 원자력기술의 중심 부분은 미국의 기술 및 군사적인 기술과 연결되어 있어 원자로 내부의 핵반응 소프트는 미국 제품을 사용하고 있다는 이야기도 있습니다. 이러한 부문에서의 일본의 기술력, 원자력은 어떻습니까?

모로오카 당연히 원자력발전이 도입되었던 당시에는 미국의 주도하에 설계에 사용된 계산 소프트 등도 미국 제품이었습니다. 그러나 현재는 개량되어 대부분이 일본산 제품이라고 생각해도 좋을 것입니다.

마쓰오카 기술적으로 이제 미국에 의존하지 않고 자립했다는 것이네요.

모로오카 그렇습니다. 계산 등도 포함해서 지금은 일본이 하고 있습니다.

마쓰오카 그러면 후쿠오카 사고 당시에 나온 말처럼, 일본은 핵무기를 가지고 있지 않기 때문에 경험이 없어서 원전 사고 당시 크리티컬(critical)한 대응도 하기 어려웠다는 건 틀린 말이네요?

모로오카 일본은 이번과 같은 사고 경험은 없습니다. 외국에서는 1986년 체르노빌 원전사고, 또 하나는 1979년의 TMI(스리마일 아일랜드 원전사고)에서 그와 같은 경험을 했습니다. 그렇기 때문에 당연히 대처방법에 관한 한 외국이 더 우수합니다.

● **일본의 원자력발전을 위한 안전규제제도를 어떻게 개혁해야 하는가?**

마쓰오카 일본은 1999년에 도카이무라 JCO의 임계사고 경험을 통해 원자력재해대책특별조치법이 2000년에 만들어졌습니다. 또 안전면·사회적인 규제 시스템 정비 역시 JCO 임계사고를 계기로 원자력안전위원회가 직원 70명, 기술직 전문가(参与)30명 정도로 강화되었고, 2001년에는 경제산업성에 원자력안전·보안원이 설치되었습니다. 이러한 안전규제 시스템과 실태는 어떤가요?

모로오카 시스템은 정비되었습니다. 그러나 시스템의 내실이 제대로 정비되어 있지 않았습니다. 앞으로는 이 내실을 정비할 필요가 있다고 생각합니다.

마쓰오카 알려진 바와 같이 미국의 원자력규제위원회가 하나의 모델이군요.

모로오카 NRC 말이지요?

마쓰오카 안전규제의 유효성과 실효성을 판단하는 기준으로서 정치적 독립성과 기술적 독립성이 중요하다고 합니다. 일본의 규제관청인 원자력안전·보안원은 엑셀과 브레이크가 경제산업성 관할이라고 하는 같은 장소에 위치해 있는데 이것이 하나의 문제였다고 합니다. 이번에 원자력안전·보안원이 해체되고 새로운 원자력규제위원회가 만들어진다고 하는데 모로오카 선생님이 원자력공학적 면에서 보셨을 때 안전규제문제는 해결이 될까요?

모로오카 해결하기 위해서는 철저한 투명성이 필요하다고 생각합니다. 미국은 정치적 독립, 기술적 독립은 물론이거니와 관련된 기술자료 등이 모두 공개되고 있습니다. 당연히 기업의 지적 재산이라는 부분에는 주의를 기울여 공개합니다. 제 제자도 NRC 홈페이지에서 공개되고 있는 많은 자료들을 이용하여 석사논문을 작성하고 있습니다.

마쓰오카 일본은 공개하지 않나요?

모로오카 일본은 그다지 공개하지 않고 있습니다. NRC에서는 적절히 공청회(Public meeting)를 개최하여 다양한 사람들의 의견을 청취합니다. 이러한 투명성이 있습니다. 이 투명성이 기술적인 독립성으로 이어져 기술자가 톱이 될 수 있는 것입니다. 미국은 군사적인 면에서 원자력을 사용하고 있다는 것도 강점입니다.

마쓰오카 미국 해군의 원자력잠수함 등과 관련된 기술자 풀pool도 있으니까요.

모로오카 그렇습니다. 그래서 규제기관의 기술자들이 제조회사의 기술자들보다 경험적으로도 하드웨어, 소프트웨어적인 면에서도 우위에 있기 때문에 NRC의 기술력이 대단한 것입니다

마쓰오카 그런 점에서 일본은 원자력에 관련된 인력이 한정되어 있네요.

모로오카 향후 원자력규제위원회가 만들어지면 경제산업성과는 조직적으로 별도의 것이 됩니다. 하나의 진보라고 할 수 있습니다. 지금은 원자력을 규제하는 인력이 아직 한정되어 있지만 앞으로 제조회사와 전력회사의 기술자들과 같은 인력들이 관

여하게 될 가능성도 있습니다.

● **향후 일본의 원자력발전은 어떻게 해야 할까요?**

마쓰오카 앞으로의 원자력 발전에 대하여 생각할 때, 현재(2012년 1월 13일)도 원자력발전소가 가동되고 있습니다만, 어떠한 방향으로 나아가면 좋을까요?

모로오카 역시 지금과 같은 국가의 힘을 유지하고 싶다, 생활을 유지하고 싶다고 한다면 에너지가 필요합니다. 원칙적으로는 재생가능에너지로 조달하면 된다고 생각하지만 가까운 미래에는 무리겠지요. 그렇다면 남는 것은 석탄·석유·가스와 같은 화력발전입니다. 그러나 화석연료에는 온난화 문제가 있습니다. 그러면 어느 정도를 원자력발전으로 조달하면 좋을까에 대하여 논의할 필요가 있다고 생각합니다.

마쓰오카 어느 정도를 원자력으로 조달하면 좋다고 생각하시나요?

모로오카 이것은 제 사견입니다만 20%에서 30% 정도입니다

마쓰오카 지진 발생 전보다 조금 줄인 정도네요?

모로오카 그렇습니다. 역시 그 정도가 아니면 생활 향상도 유지도 어렵다고 생각합니다. 다만 그렇게 하기 위해서는 원자력발전이 안전해야 합니다.

마쓰오카 또 한 가지 원자력발전과 관련하여 최종처분(back-end)이라는 커다란 문제가 있습니다. 레벨이 높은 폐기물들의 처분에 대해서는 미국도 일본도 정해진 바가 없으니까요.

모로오카 아직 최종처분에 대한 기술은 확립되어 있지 않습니다.

그러나 레벨이 높은 폐기물에서 나오는 방사선레벨의 반감기半減期를 줄이는 기술을 개발하고 있습니다. 지금 당장은 불가능하지만, 이 기술이 개발된다면 최종처분에 대한 문제는 점차 해결될 것입니다.

마쓰오카 그때쯤에는 재생가능에너지도 꽤 높은 수준에 올라 있겠지요.

모로오카 지금부터 160년 정도가 지나면 석유를 포함한 에너지자원은 고갈된다고 하는 이야기도 있습니다. 한동안은 원자력발전에 의존해야 할지도 모르지만 미래에는 재생에너지로 전환해 갈 것입니다. 이것이 환경을 위해서도 인간을 위해서도 가장 안전한 전개라고 생각됩니다.

●앞으로의 대학에서의 원자력공학교육에 대하여

마쓰오카 모로오카 선생님은 원자력공학전공이신데 와세대대학 이공학술원의 공동원자력전공 설립은 2년 전이지요?

모로오카 와세다대학과 도쿄도시대학東京都市大学의 공동원자력전공으로 2010년 4월입니다.

마쓰오카 정원은 몇 명인가요?

모로오카 예를 들어 석사 1학년은 와세다대학 15명, 도쿄도시대학 15명으로 총 30명입니다.

마쓰오카 그 학생들이 매년 원자력전공으로 석사 학위를 받는군요.

모로오카 사회로 내보내는 것입니다.

마쓰오카 앞으로도 대학에서 원자력공학을 가르치고, 혹은 원자력공학을 공부한 학생들을 사회로 내보내는 것은 중요한 일이라고 생각합니다. 지금의 후쿠시마 원전사고에 대한 문제점들을 제대로 수습하기 위해서도 원자력공학이 필요합니다. 그러나 당연히 후쿠시마 원전사고가 발생하기 전과 발생한 후에는 원자력공학의 나아갈 길, 원자력에 대한 생각, 대학에서 무엇을 가르치고 어떠한 연구를 해야 하는가라는 점에서 변화가 있어야 한다고 생각하며 변해야 한다고 생각합니다. 이런 점에 대하여 와세다대학의 원자력전공 관계자로서 어떻게 생각하십니까?

모로오카 역시 기술만을 가르치는 것이 아니라 윤리와 사회적 룰을 정확히 지키는 것에 대한 중요성을 교육하지 않으면 안 됩니다. 그러한 사회성을 갖춘 인재, 훌륭한 인간성을 갖춘 사람으로 육성한다는 것이 중요합니다. 이번 대지진 이후, 연구의 테마도 역시 변하고 있습니다. 이전에는 원자로의 경제성을 어떻게 효율적으로 만드는가에 대한 연구가 많았습니다. 그러나 대지진을 경계로 원자로의 안전성을 대상으로 한 연구가 늘어났습니다.

마쓰오카 후쿠시마 제1원전을 포함하여 일본에는 54기의 상업발전용 원자로가 있으며 설령 발전을 멈춘다 해도 원자로는 존재하는 것이기에 원자로의 안전성에 대한 연구는 중요합니다. 실제로 후쿠시마 원전사고에서는 예상하지 못했던 사태가 발생했습니다. 내부전원과 외부전원이 소실되어 완전한 교류전원의 상실(station blackout, SBO) 상태였습니다.

모로오카 그렇습니다. 노심이 녹아 압력용기도 관통하여 부분적으로 노심이 흘러나왔습니다. 완전히 전원이 상실된 상태였습니다. 그러한 용융된 노심을 자연의 힘으로 냉각시키는 연구가 늘고 있습니다. 여기서 필요한 것이 젊은 사람들의 발상력發想力입니다. 지금의 젊은 사람들은 기성 개념에 묶여 있지 않기 때문에 우리들과는 전혀 다른 것을 만들어 냅니다. 지금부터의 교육은 새로운 발상을 할 수 있는 인재를 육성하는 것입니다.

마쓰오카 사회과학자의 입장에서 보면 모로오카 선생님이 말씀하신 윤리의 문제, 규정준수(compliance)의 문제는 매우 중요한 점이라고 생각합니다. 다만 그뿐 아니라 응용력을 어떻게 육성하는가, 원자력뿐만 아니라 종합적으로 에너지를 생각할 수 있는 인재가 필요한 것이 아닐까 생각됩니다. 예를 들어 사회가 변화해 가는 가운데, 기술이 변하고 산업이 변하고 결국 재생가능에너지로 전환되어 갈 경우, 응용력을 갖추고 있다면 대응해 나갈 수 있다고 생각합니다.

모로오카 중요한 얘기입니다. 하지만 원자력발전은 다른 분야의 기술들의 집약입니다. 전기, 기계, 화학 등의 종합기술입니다. 저 자신도 대학에서는 전열과 유체역학을 공부했습니다. 취직 후 원자력발전에 관여하게 되었지만 기초 기술이 있다면 어떠한 응용도 가능합니다.

마쓰오카 그렇군요.

모로오카 지금의 학생들은 그릇이 아주 크고 응용력이 있습니다.

그래서 만일 세상이 변해도 다양한 장소에서 기술을 살릴 수 있는 응용력과 능력을 갖추고 있습니다. 괜찮습니다.

나가오카 치즈코

마쓰오카 알겠습니다. 다만 이번 동일본대지진과 후쿠시마 원전사고 이후 대학에서 연구교육을 어떻게 이끌어 나갈 것인가에 대한 논의가 너무나 적다는 것에는 많은 염려가 됩니다. 단순히 원자력공학만의 문제가 아닙니다. 특히 후쿠시마 원전사고는 일본의 과학기술, 학문, 대학 그 자체에 대한 근원적인 '질문'을 던지고 있다고 생각해야 합니다. 지진이 발생한 지 거의 1년이 지난 지금, 우리 대학 관계자들은 다시 한 번 2011년 3월 11일의 원점으로 돌아가야 한다고 생각합니다. 우리가 근무하는 와세다대학도 이점에서는 쉽게 잊는다고 할까요, 지속성이 결여되어 있습니다. 우리 연구그룹에서는 반드시 이러한 근원적인 점을 포함한 연구를 실시하고자 생각하고 있습니다.

오늘은 도시바에서 원자로연구를 약30년간 해오셨고 2년 전에 공동원자력전공 특임교수로서 모교인 와세다대학으로 돌아와 현재 제가 대표를 맡고 있는 지진부흥·후쿠시마 원전사고에 대한 연구그룹에서 4개의 클러스터cluster 중 제2클러스터(원자력공학)의 주임을 맡고 계신 모로오카 교수님에게 아주 귀중한 말씀을 들었습니다. 감사합니다.

모로오카 감사합니다.

맺는말

이 책은 와세다대학 중점영역연구 동일본대지진 부흥연구 과제명 '복합거대위기의 원인·영향·대책·부흥에 관한 연구—원자력 재해와 리스크거버넌스'(연구대표자: 마쓰오카 슌지, http://www.waseda.jp/prj-matsuoka311/) 및 JST/ANS 국제긴급공동연구·조사지원 프로그램(J-RAPID), 〈민주주의사회에서의 진재 피난과 위험인식—일본-프랑스 비교연구의 시점에서〉(DEVAST, 연구대표자 가니에 노리치카蟹江憲史)의 연구성과입니다.

이 책은 2012년 3월 8일에 와세다대학 국제회의장에서 개최한 동일본대지진 부흥연구심포지엄 '동일본대지진과 후쿠시마 원전재해 발생으로부터 1년—복합거대위기의 원인·영향·대책·부흥'에서의 필자의 보고서 〈후쿠시마 원자력재해의 사회경제적 요인과 향후의 안전규제〉를 토대로 쓴 것입니다. 이 심포지엄의 보고서는 〈후쿠시마 원전사고와 향후의 원자력안전규제〉라는 제목으로 논문으로 정리, 와세다대학 《아시아태평양토구討究》에 발표하였습니다(松岡 2012).

또한 이 책의 토대가 된 심포지엄에서 보고·논평를 해주신 파리 정치학원政治学院(Institut d'étude politique de Paris)의 프랑수아 제멘François Gemenne 박사, 알렉상드르 마냥Alexandre Magnan 박사, 도쿄공업대학의 우에다 노리유키上田紀行 교수, 가니에 노리치카蟹江憲史 교수, 와세다대학의 구로카와 데쓰지黒川哲志 교수, 모로오카 신이치師岡慎一 교수, 요코야마 류이치横山隆一 교수, 가쓰타 마사후미勝田正文 교수, 기리카와 다쿠야切川卓也 교수, 오카다 히사노리岡田久典 주임 연구원, 구로사와 요시아키黒澤正一 교수, 후카자와 요시아키深澤良彰 교수 등, 참가자 여러분과 사무국의 나가오카 치즈코長岡千津子 씨, 그리고 긴 시간 공동연구를 해온 일본대학日本大学의 마쓰모토 레시松本礼史 부교수, 시가대학滋賀大学의 다나카 가쓰야田中勝也 부교수에게 감사의 뜻을 전합니다. 또한, 본 연구의 일본 및 구미의 원자력 규제에 관한 조사는, 마쓰오카 연구실 석사 야마다 요헤이山田洋平 군이 연구조교(RA)로서 분담하여 조사해 주었습니다. 같은 마쓰오카 연구실 석사 노구치 게이코野口恵子 씨는 도표의 정리를 해주었습니다. 야마다군, 노리구치 씨에게도 감사를 전합니다.

와세다대학을 졸업한 작가 무라카미 하루키村上春樹 씨는 이스라엘의 권위 있는 문학상 수상 연설에서 '계란이 벽에 부딪힐 때 나는 항상 계란 편에 서고 싶다'고 했습니다. 저는 일본의 사회과학자로서 재난피해자들과 재난지역의 편에 서서 앞으로의 원자력안전규제가 나아갈 방향과 진정한 진재부흥에 대하여 연구하고자 합니다. 아직 갈 길이 멀지만 이 책이 그 첫 걸음입니다. 이어서 두 걸음, 세 걸음 전진해 나가고자 합니다.

이 책은 원래 대지진 발생 1년 후에는 출판하고 싶다는 의사를 와세다대학 출판부의 이토 스스무伊東 晋 이사님과 이야기했으나 예정보다 반년 가까이 원고 완성이 늦어지고 말았습니다. "후쿠시마 원전사고에 대하여 쓴 책은 '와세다 Booklet'에 절대 필요"하다며 인내심을 가지고 기다려 주신 이토 이사님께는 죄송스럽게 생각함과 동시에 깊이 감사드립니다.

원고가 늦어진 것은 전적으로 제가 태만한 탓이지만 조금 변명을 드리자면 2011년 12월부터 제가 소속된 와세다대학 아시아태평양연구과는 '캠퍼스·아시아 EAUI 프로그램'[1]이라고 하는 사업을 시작하게 되었고 제가 프로젝트 책임자(GM)를 맡아 바쁜 나머지 좀처럼 충분한 집필시간을 확보할 수 없었습니다. 이 사업은 2020년경에 아시아의 주요 대학들이 협력하여 아시아지역 통합을 짊어질 인재육성을 목적으로 한 동아시아 대학원(EAUI: East Asian University Institute) 창설을 목적으로 하고 있습니다. 저 자신은 본 프로그램을 동일본대지진에 대하여 커다란 지원과 격려를 보내주신 아시아 주변 국가들에 드리는 일본으로부터의 '보답'이라고 생각해 왔습니다.

마지막으로 이 책이 조금이나마 동일본대지진과 후쿠시마 원전사고로 재난을 입으신 분들의 부흥을 위해 도움이 되기를 기원합니다.

---

1 * 상세한 내용은 아래 캠퍼스·아시아EAUI 프로그램의 홈페이지를 참조하기 바랍니다. http://www.waseda.jp/gsaps/eaui/index.html
** 또한 이 책은 2012년 5월 31일 탈고, 그 후 상황에 맞추어 수정하여 7월 5일 교정을 마쳤습니다

참고문헌

朝日新聞特別報道部(2012),《プロメテウスの罠：明かされなかった福島原発事故の真実》, 学研

飯田哲也・佐藤栄佐久・河野太郎(2011),《〈原子力ムラ〉を超えて：ポスト福島のエネルギー政策》, NHK出版

池上彰・加藤陽子(2011年),〈池上彰の学問のススメ〉,《日経ビジネスOnline》(2011.8.9-2011.9.6), http://business.nikkeibp.co.jp/article/manage/ (2011年9月10日)

岩波書店編集部(2012),《3.11を心に刻んで》, 岩波書店

大鹿靖明(2012),《ドキュメント福島第一原発事故 メルトダウン》, 講談社

加藤陽子(2009),《それでも日本人は「戦争」を選んだ》, 朝日出版社

北山俊哉(2011),《福祉国家の制度発展と地方政府》, 有斐閣

倉田健児(2009),〈原子力技術の社会的受容とその獲得〉, 神田啓治・中込良廣(編)《原子力政策学》, 京都大学出版会所収, pp. 37-62

橘川武郎(2011a),《原子力発電をどうするか：日本のエネルギー政策の再生に向けて》, 名古屋大学出版会

橘川武郎(2011b),《東京電力：失敗の本質》, 東洋経済新報社

斎藤誠(2011),《原発危機の経済学》, 日本評論社

鈴木靖(2012),〈大気拡散シミュレーションの利用に向けて〉,《学術の動向(日本学術会議)》, 2012年4月号, pp. 14-20

城山英明(2010),〈原子力安全委員会の現状と課題〉,《ジュリスト》, No. 1399, pp. 44-52

城山英明(2003),〈原子力安全規制の基本的課題〉,《ジュリスト》, No. 1245, pp. 82-88

ダワー, ジョン(2001)《敗北を抱きしめて―第二次大戦後の日本人―》, 岩波書店, 原書は Dower, John W. (1999), *Embracing Defeat: Japan in the Wake of World War II*, W.W. Norton
外岡秀俊(2012),《3.11 複合被災》, 岩波新書
東京電力福島原子力発電所における事故調査・検証委員会(政府事故調)(2011),《中間報告》http://icanps.go.jp/post-1.html(2011年12月27日)
竹森俊平(2011),《国際民営の罠：原子力政策に秘められた戦い》, 日本経済新聞社
田坂広志(2012),《官邸から見た原発事故の真実》, 光文社新書
田中三郎(2011),〈原発で何が起きたのか〉, 石橋克彦(編)(2011),《原発を終わらせる》, 岩波新書, 所収
谷川俊太郎(他)(2012),《それでも三月は、また》, 講談社
中越信和・渡辺園子(2006),〈生態学かみた環境評価とその政策利用〉,《日本評価研究》, 6(2), pp. 11-17.
中村吉明(2008),〈環境規制はイノベーションを促進するか：ポーター仮説の検証〉,《研究・技術計画学会・年次学術大会講演要旨集》, 23号, pp. 330-333.
成合英樹(2012),〈福島原子力事故の対応と原子力安全の再構築に向けて〉,《学術の動向(日本学術会議)》, 2012年3月号, pp. 24-31.
日隅一雄・木野龍逸(2012),《検証 福島原発事故・記者会見―東電・政府は何を隠したのか》, 岩波書店
福島原子力事故調査委員会(東電事故調)(2011),《中間報告》http://www.tepco.co.jp/nu/fukushima-np/interim/index-j.html (2011年12月2日)
福島原発事故独立検証委員会(民間事故調)(2012),《調査・検証報告書》, ディスカヴァ
松浦祥次郎(2012),〈原子力安全確保とシミュレーション〉,《学術の動向(日本学術会議)》, 2012年4月号, pp. 21-27.
松岡俊二(1988),〈原子力発電に対する社会的規制：アメリカ原子力規制委員会の場合〉,《公害研究(岩波書店)》, 18(2), pp. 13-19.
松岡俊二(2002),〈第5章 国際資本移動と途上国の環境問題：持続的発展と直接投資・政府開発援助〉, 森田恒幸・天野明弘(編),《岩波講座環境経済

・政策学 第6巻 地球環境問題とグローバル・コミュニティ》, 岩波書店, pp. 125-155.

松岡俊二(2008), 〈国際開発協力におけるキャパシティ・ディベロップメントと制度変化アプローチ〉, 《アジア太平洋討究(早稲田大学大学院アジア太平洋研究科紀要)》, 11, pp. 223-237.

松岡俊二・勝間田弘(編)(2012), 《アジア地域統合の展開》, 勁草書房

松岡俊二(2012), 〈福島第一原子力発電所事故と今後の原子力安全規制のあり方〉, 《アジア太平洋討究(早稲田大学大学院アジア太平洋研究科紀要)》, 18, pp. 121-142.

矢川元基(2012), 〈福島原子力事故に直面して〉, 《学術の動向(日本学術会議)》, 2012年3月号, pp. 8-10.

吉岡斉(1999), 《原子力の社会史：その日本的展開》, 朝日新聞出版

吉岡斉(2011a), 《新版 原子力の社会史：その日本的展開》, 朝日新聞出版

吉岡斉(2011b), 〈原子力安全規制を麻痺させた安全神話〉, 石橋克彦(編) 《原発を終わらせる》, 岩波新書所収, pp. 131-148.

Hacker, J. (2005), "Policy Drift: The Hidden Politics of US Welfare State Retrenchment", in Streeck, W. and K. A. Thelen eds., *Beyond Continuity:Institutional Change in Advanced Political Economy*, Oxford: Oxford University Press.

Hall, P. and R. Taylor (1996), "Political Science and the Three New Institutionalism", *Political Studies*, XLIV, pp. 936-957.

IAEA (2000), *IAEA Safety Standards Series*, IAEA

Mahoney, J. and K. Thelen eds. (2010), *Explaining Institutional Change: Ambiguity, Agency and Power*, Cambridge: Cambridge University Press.

Matsuoka, S. ed. (2007), *Effective Environmental Management in Developing Countries: Assessing Social Capacity Development*, London: Palgrave-Macmillan.

Porter, Michale E. (1991), "America's Green Strategy," *Scientific America*, No. 264, p. 168.

옮긴이 후기

일본 원자력 정책의 실패

3·11후쿠시마 원전사고가 한국에 주는 교훈은 무엇인가?

일본은 물론 전 세계에 크나큰 충격을 주었던 '3·11 동일본대지진'(東日本大震災)과 후쿠시마 원전사고가 발생(2011년)한 지 벌써 6년이 지났다. 3·11 후쿠시마 원전사고라는 충격적인 환경변화를 경험한 일본은 물론 세계 각국은 원자력 안전정책을 재점검하기 시작하였고, 국내적 정치상황(內政)과 연계하여 원자력정책이라는 큰 틀은 물론이거니와 안전관리 및 안전규제, 나아가 행정체제에 크고 작은 변화가 진행되고 있다. 3·11 후쿠시마 원전사고 이후 일본의 위기관리 시스템이 제대로 작동하고 있는가에 대한 의문이 제기되고, 심지어 일본에서 거버넌스가 제대로 작동하고 있지 않다는 비판의 목소리가 높다. 그런 가운데, 다양한 각도에서 재해·재난·진재 연구가 이뤄지고 있으며, 그 결과물 또한 봇물처럼 쏟아져 나오고 있다. 일본 사회가 미증유의 대재난에 대해 연구회 등을 통해 발 빠르게 재해를 진단(검증)하고 대재해의 교훈을 분석하고, 나아가 대응책(제언)을 내놓을 수 있는 '재해(연구) 선진국'으로서의 면

모를 갖추고 있다는 점은 한국에 시사하는 바가 크다.

특히, 이 책《일본 원자력 정책의 실패》는 일본의 원자력안전규제 현황을 점검하고, 일본 원자력안전규제 기관의 주요 사업 및 관리지침을 분석함으로써 일본의 교훈을 살려 한국의 중장기 원자력안전규제에 관한 경영전략을 제시하는 데 안성맞춤이라 할 수 있다. 지금까지 한국에서의 원전 및 안전관리에 관한 논의는 일본 국내의 피해상황과 복구상황, 부흥정책의 소개와 대재난에 대한 일본의 대처과정 분석 등에 그치고 있는 것이 현실이다. 일본의 원자력발전 및 안전규제 정책의 변화가 한국 사회 및 국제 사회에 어떠한 영향을 미치고 있는지에 관해서는 중요한 사안임에도 불구하고, 일본의 성공과 실패라는 선진사례가 거의 논의되고 있지 않다.

다행히도 재난과 안전 관리라고 하는 시각에서 동일본대지진에 관한 일본의 다양한 연구 결과물을 국내에 소개하고 국제협력 방안을 모색하는 고려대 글로벌일본연구원 사회재난안전연구센터는 일본 와세다대학출판부가 '진재震災 후에 생각한다'라는 주제로 펴내고 있는 동일본대지진 관련 연구총서 30여 종의 북클릿(소책자) 중 12권을 '동일본대지진과 핵재난' 총서(고려대학교출판문화원)로 묶어 내어 번역출판한 바 있다. 각 분야 전문가들이 자신의 체험에 기초해 분석한 현실과 미래를 위한 다양한 현황분석 및 제언은 대재해의 현상과 원인 및 메커니즘, 결과를 아우르고 있어 3·11에 관한 종합적인 이해를 가능하게 해준다.

또한 '재난과 안전에 관한 학제적·융복합적 연구'라는 공동의 문제의식과 연구과정에서 이미 번역 출판된《일본 대재해의 교훈》,

《검증—3·11 동일본대지진》과 《제언 동일본대지진—지속가능한 부흥을 위하여》이라는 세 권의 책(검증-교훈-제언)도 주목할 만하다. 재난·안전 관련 번역 시리즈는 역자의 '동일본대지진과 일본의 변용 분석'이라는 동일한 문제의식의 연장선상에서 거둔 의미있는 성과로 향후 대한민국의 재난과 안전에 관한 토대를 구축하는 데 일조할 것을 기대해 본다.

2011년 3월 11일 동일본대지진에 따른 쓰나미와 후쿠시마원전의 방사능 문제는 '인류애'적 연대라는 의미에서 국제협력를 다시 모색하게 했고, 자연스럽게 주변국의 동아시아 연대 시대를 자각하게 만들어 주는 계기로 작용했다. 향후 한국 사회에 발생할지도 모르는 재난에 대한 대응 논리와 극복 논리를 '인문사회과학적·제도적·정책적'으로 수립하기 위해 한국과 일본이 '동아시아 공동체적 입장'에서 '실체적 대안'을 공동으로 연구하고 국제협력을 모색하는 계기가 될 것으로 기대하고 있다. 예를 들어, 초국가적 재해와 원전사고 등을 예방하는 안전관리에 관한 글로벌 대응체제로서, 인재人災를 관리할 수 있는 인재人才가 필요하다. 3·11 대지진 이후 일본의 교훈으로 한국 또한 원전사고 발생을 상정하여 복합연쇄위기를 관리할 전문가 양성 혹은 위기관리체제를 정비하는 것이 급선무라 할 수 있다. 단순히 이 책 한 권을 통해 융복합적 지식을 습득한다라고 하는 거대한 목표보다는 학제적 시각을 겸비하고자 하는 동기부여가 되었으면 하는 것이 역자의 바람이다.

"후쿠시마 지역에 있어서의 원자력 발전의 리스크 인식과 진재부흥의 과제" 등 다양한 논의 과정을 통해 일본이 나아가야 할 원전정책에 관심이 높아지고 있다. 왜 도쿄전력 후쿠시마 제1원자력 발전소 1, 2, 3, 4호기에서 원전사고가 발생하였는가? 후쿠시마 원전사고의 검증을 둘러싸고 개인 및 각 그룹들의 조사연구와 정부, 국회, 사업자(도쿄전력), 민간, 국제기관 및 해외 연구기관, 연구 그룹 등에 의한 검증작업이 이루어지고 있다. 일본 국내에서 구성된 주요 후쿠시마 원전사고 조사위원회에는 정부의 사고·조사검증위원회, 민간의 일반 사단법인·일본재건이니셔티브(RJIF)가 기반이 되어 조직된 후쿠시마 원전사고 독립검증위원회, 사업자인 도쿄전력에 의한 후쿠시마 원자력사고조사위원회, 국회에 의해 설치된 사고조사위원회라는 4개의 위원회가 구성되어 사고를 검증한 바 있다.

이 책의 저자 마쓰오카 슌지松岡俊二 교수는 환경경제·정책학 및 국제환경협력론을 전공 분야로 하는 사회과학자로, 현재 와세다早稲田대학 대학원 아시아태평양연구과 교수이다. 후쿠시마 원전사고야말로 설계기준을 초과하는 상정외의 상황으로 인해 시작되었고, 사고 전개과정에서 외부 사건의 영향을 대처할 수 있는 수단이 부족했기 때문에 큰 재해로 확대되었다고 평가되고 있다. 전문분야별로 분석하고 있는 선행연구와는 달리 재해감소(減災) 및 안전규제의 중요성을 트랜스·학제적으로 분석하고 있다. 자연계(자연재해)의 극히 일부로 해석하는 물리적物理的 이해와 재해와 사회안전에 관한 선행연구(사회재해)의 성과를 정리하고 관련 현상을 검증하는 사회적社會的 이해가 필요함을 역설한다. 재해災害 연구가 실제로 재해감소에 공헌할 수 있는 실천과학實踐科学으로서 빛나게 하기 위해서는, 사회적·물리적 연구성과의 중개역할을 수행하는 '정보축적 및 전달(情報課題)'이 뒷받침되어야 할 것이다. 이러한 의미에서 일본의 사회 전반에 걸쳐 미증유의 피해를 가져온 3·11 후쿠시마 원전의 실패를 해부하여 검증하고 안전규제에 관해 제언하고 있는 이 책은 '포스트 3·11 후쿠시마 원전사고(災後)'를 이해하는 데 더할 나위 없이 좋은 시점을 제공하고 있다.

특히 최근 논의가 진행 중인 문재인 정부의 원자력에너지 정책 관련해서 한국이 고민하고 선택해야 할 교훈과 제언을 담고 있다. 후쿠시마 원전사고와 같이 과학기술이 초래하는 상정외想定外의 영향(력)에 관해서도 상정(예상)하는 영역으로 끌어들여, 즉 상정외를 상정할 수 있는 사회를 구현해야 한다. 미래의 안전을 확보한다는 차원에서 역사(시간)적 검증을 받지 않은 인간의 기술이 때로는 커다란 위협으로 다가오고 있다. 원전에 이미 투입된 '매몰비용'에 연연해 올바른 에너지 정책의 방향성을 잃어서는 안 된다. 사용후핵연료 관리를 위해 가장 안전한 시스템을 어떻게 확보(공감)할 것인가가 관건이다. 물론 4·16 세월호의 피해를 키운 '가만히 있으라'는 반대의 행동('가만히 있어서는 안 된다', 혹은 '각자 알아서 살아남아라')이 교훈(답)이 될 수는 없듯이, 전문가의 과학적 지식을 믿어서는 안 된다는 해석이 우선(지속)되는 경우라면 안전사회 확보는 요원하게 될 것이다. 익숙하지 않은 것에 대한 본연적 두려움(경계) 때문에 탈원전 정책으로 전환하는 실수(愚)를 범해서는 안 될 것이다. 대한민국의 안전을 확보하기 위해서는 불신의 행동이 결과적으로 안전으로 이어지는 것이 아니라 신뢰할 수 있는 올바른 시스템을 만들고 작동하게 만드는 게 중요하다. 원전재해(위험) 규제기관과 안전 추진기관이 유기적으로 작동하지 않을 경우, 공적 규제기관의 설계 자체를 수정하여 이를 효과적으로 운영하는 제도 마련을 논할 필요가 있다. 아울러 3·11 이후 재해부흥(현장) 과정에서 '민간 부문이 강하고, 정부 부문은 약하다'라고 하는 평가에서 알 수 있듯이 향후 재난안전 정책을 결정하는 주요 행위자(주체) 및 역할에 관해서도 새로운 행위자로서 '비정부' 부문에 주목해야 한다.

이 역서가 3·11 동일본대지진과 후쿠시마 원전사고에 대한 도쿄전력의 사고대응(과정)을 통해, 일본의 원자력 정책 거버넌스를 이해하고 한국에 주는 시사점을 도출하는 데 도움이 되길 바란다. 특히 원자력안전보안원과 원자력안전위원회라고 하는 일본의 원자력규제기관에 주목해 보면 한국 또한 입법기관으로의 국회의 역할 및 향후 원자력규제 관련 제도적 대응에 관해 중요한 단서를 제공해 줄 것으로 기대한다. 동시에, 일본의 3·11 대해재를 통해 지대한 관심을 보이고 있는 연구자들은 물론이거니와 일반 독자들에게도 향후 안전하고 안심할 수 있는 사회구현이라는 측면에 조금이나마 유익하기를 기원한다.

안전사회 대한민국을 꿈꾸며

글로벌일본연구원 사회재난안전연구센터장 김영근

〈지진재해 이후를 생각하다〉 시리즈 간행에 부치는 와세다대학 출판부의 발간사

2011년 3월 11일 발생한 동일본대지진은 거대 지진과 쓰나미에 원전사고가 복합적으로 작용하여 인간의 상상을 초월하는 피해를 초래하였으며 그 충격은 전 세계를 경악시켰습니다. 이번 재해는 사람들의 사고방식과 행동 그리고 전제가 되는 제도에 대해 되묻는 계기가 되었고, 개인·조직·사회의 모든 면에 걸친 새로운 연구와 지식창조를 요구하는 사건이기도 하였습니다.

이러한 상황 아래, 일본을 대표하는 지적 공동체인 와세다대학에서는 지체 없이 부흥지원을 위한 여러 가지 행동을 취하였고, 동일본대지진 부흥연구 거점을 설립하였습니다. 또한 자원봉사자 파견을 비롯하여 재해 관련 연구와 이를 지원하기 위한 프로젝트를 활발히 전개해 나갔습니다.

와세다대학 출판부는 지식의 창조·보급·보존이라는 대학의 사명을 실현하기 위해 힘을 보태고자, 새로운 시리즈로서 와세다대학 Booklet 〈지진재해 이후를 생각하다〉의 간행에 착수하였습니다. 이 기획은 대진재의 참극을 딛고 일어서야 할 이재민들의 생활과 그들을 지원하는 활동, 그리고 이를 지지하는 연구 속에서 새로운 지식의 탄생을 모색하여, 그것을 관찰→분석→설명→행동…의 모든 단계에서 가능한 한 실시간으로 널리 사회에 제공하고자 하는 것입니다.

지식창조에는 완성이라는 것이 없고 늘 다음 단계의 과제를 향하게 마련입니다. 그런 까닭에 이 시리즈는 잡지의 기동성과 서적의 체계성을 겸비한 경쾌한 소책자 형태를 선택하였습니다. 또, 전문가와 실무자·시민·학생 등 각 계층이 읽기 쉽도록 편집하였고, 아울러 와세다대학이 포함하는 광대한 분야에 걸맞게 여러 가지 영역의 연구·지원 활동의 성과가 수록되었습니다. 후일 재해 극복과 부흥의 이야기들이 기쁨으로 회자될 때, 우리는 이러한 업적이 축적되어 크나큰 지식으로 가득 찬 백과사전으로서 많은 사람들에게 읽히기를 기대합니다.

부디 이 프로젝트에 독자로서, 그리고 저자로서, 참가해 주시기를 부탁드립니다.

2011년 11월
와세다대학 출판부

마쓰오카 슌지松岡俊二

와세다대학 대학원 아시아태평양연구과アジア太平洋研究科 교수
와세다대학 글로벌지속가능연구소 소장
와세다대학 캠퍼스아시아キャンパス·アジア EAUI 프로그램 General Manager
일본문부과학성文科省 · 원자력기초기반전략연구이니셔티브原子力基礎基盤戦略研究イニシアティブ '원자력산업의 사회적 규제와 리스크 거버넌스原子力産業への社会的規制とリスク·ガバンンス' 연구프로젝트 대표자
《국제개발연구国際開発研究》(2004), 《환경과 개발環境と開発》(2004), *Effective Environmental Management in Developing Countries: Assessing Social Capacity Development*(2007), 《아시아 지역통합의 전개アジア地域統合の展開》(2011)

김영근金暎根

일본 도쿄대학에서 박사학위(국제관계학 전공)를 받았다. 이후 미국 예일대학 국제지역연구센터(YCIAS) 객원연구원, 일본 아오야마가쿠인대학 국제정치경제학부 협력연구원, 계명대학교 국제학대학 일본학과 조교수를 역임했고, 현재 고려대학교 글로벌일본연구원 교수로 재직 중이며, 사회재난안전연구센터장을 맡고 있다. 〈미일통상마찰의 정치경제학〉(2007), 〈3·11 동일본대지진 이후 일본 경제와 동북아 경제협력의 진로〉(2012) 등의 논문과, 《재난에서 살아남기 2》(2016), 《일본 3·11 대재해의 교훈—복합위기와 리스크 관리》(2012) 등의 역서가 있다.

동일본대지진과 핵재난—와세다 리포트 11

일본 원자력 정책의 실패

초판 발행 2013년 3월 11일
초판 2쇄 2017년 9월 12일

지은이 마쓰오카 슌지
옮긴이 김영근
펴낸곳 고려대학교출판문화원
www.kupress.com
kupress@korea.ac.kr
136-701 서울특별시 성북구 안암로 145
02-3290-4230, 4232
Fax 923-6311
찍은곳 (주)동화인쇄공사

ISBN 978-89-7641-811-1 04330
ISBN 978-89-7641-800-5 (세트)

값 8,000원